JN059687

処「法」箋

相談支援の

福祉と法の連携でひらく 10のケース

弁護士・社会福祉士

青木志帆

現代書館

はじめに

　「支援しているアルコール依存症の方が、どうも原付に乗っているようだ。絶対飲酒運転だよ、放っておいてよいのかな」。

　「この人の自殺未遂の原因は、競馬でお金をすってつくってしまった借金のようだ。競馬が原因の借金なんてどうせ破産させてくれないだろうし、どうしよう」。

　「認知症の親が隣家の植木鉢を壊してしまい、隣家からお金を請求されてしまった」。

断らない相談支援──この「無茶ぶり」に備えるために

　最近、地域福祉の世界では、「断らない相談支援」を実現することが目指されている。これまで福祉サービスに関して、高齢、障害、子ども、生活困窮などの分野ごとに、しかも主に福祉サービス提供の枠組みのなかで応えていた相談だが、今後はどんな住民から寄せられるどんな生活相談もいったん地域の身近な相談場所で受け止め、課題解決をすることが目標とされており、社会福祉法、介護保険法等の大規模改正も進められている。もともと福祉関係の専門職ではなかった私から見ると、少々無茶ぶりではないかと思うほどの福祉の世界の大きな転機で、現場の職員が気の毒に思えてきた。

　そうすると、冒頭で挙げた心配ごとのように、どう考えても福祉サービスを調整するだけでは解決できそうにない相談も舞いこむ。今は「断らない相談支援」の草創期であり、どうしたらいいのかわからない相談ごとに、全国の地域福祉関係者は右往左往しているのではないかと思う。こうした相談のなかには、弁護士の目から見て法律問題と思われるものも含まれる。

1

法律×福祉＝複合多問題ケースへの新たな「見通し」

「法律問題」「弁護士」という言葉が出てくると、一般的には裁判沙汰を思い浮かべるのではないか。しかし、法律は裁判所でだけ機能しているわけではない。むしろ裁判沙汰になってしまった時点で双方抜き差しならない事態になっており、勝っても負けても覆水盆に返らない状況であることが多い。弁護士としてしみじみと思うのは、いかにして裁判沙汰になる手前で法律問題を解消するか、ということである。

たとえば、冒頭の事例では、植木鉢を壊してしまえば普通は弁償（＝損害賠償）をしなければならない。しかし、だからといってそんなことで裁判所へ訴える人はほとんどいない。なんとなく一方が怒っているので、間に立たされがちな専門職はどうすればいいか戸惑うだろう。ここで、「法律の世界に持ち込んだらどういう解決になるのか」という見通しを知ることができたら、地域のなかで発生するもめごとへの向き合い方も、少し楽にならないだろうか。そうした「見通し」を立てるのも、法律家の役割である。裁判沙汰を前提にしていないからといって法律家の守備範囲外、ということではない。むしろ、積極的に使ってほしい。そこで、本書は、地域福祉の現場で発生するさまざまな課題につき、法的な「見通し」を「相談支援の処「法」箋」として紹介している。

本書では、プロとして住民支援にあたるすべての人を「専門職」と表現している。これには、社会福祉士、精神保健福祉士、ケアマネージャー、相談支援専門員などの資格を持って対人援助にあたる人はもちろんのこと、住民支援を担当する部署に配属されたケースワーカー、さらには地域共生社会づくりのデザインを担当する自治体職員も含めた意味を込めて「専門職」と表している。民間であれ、自治体であれ、どれも「人の暮らしを支える」という意味で専門職であることに変わりはないし、本書で示そうとする解決法は、いずれにも関係することである。

法律が相談支援に果たす「役割」

私は、市役所に勤める弁護士なのだが、そう説明すると、「顧問弁護士です

か？」と聞かれる。そうではなく、市に採用された職員である。すると、「ああ、コンプライアンス（法令遵守）とかを担当する、総務課とか法務課とかにいる感じですね」と言われるが、それも少し違う。他の行政職員と一緒に相談機関（地域包括支援センター、基幹相談支援センター、保健所など）からの相談も日常的に聞いている。最近、児童相談所や教育委員会で採用され、支援現場で働く弁護士が登場しているが、それの「福祉・保健一般版」みたいなものだ。

　市役所に入ってみると、職員たちが、最初に紹介したようなモヤモヤや不安を抱えて相談支援を行っている光景を目にした。この「モヤモヤ」の解決の難しさもいろいろで、「それ、弁護士が入ったら一発で解決するのに……」と思われるようなものから、法律事務所で仕事をしていたときには考えたこともないような難しいものまで、実に多様だ。弁護士である私がアドバイスしても結局スッキリ解決せず、いつも、「なーんだ」とがっかりさせたかな、と思いながら仕事をしている。

　でも、支援の選択肢を狭めている縦割りやローカル・ルールにぶつかったとき、少し面倒でも、法律を読むことでそれまでと違う道が見えることがある。法律は、制度の設計図であるだけではない。なぜそのようなルールがあるのか、そのルールによって何を実現してほしいのかが書かれており、そうした法律の趣旨にまで立ち返ることで、支援の方向性を指し示す羅針盤のような役割もある。本書を通じ、支援の営みのなかで利用できる資源として「法」を選択してもらえるようになれば、幸いである。

相談支援の処「法」箋 ＊目次

この本の使い方

《事例》

今、あなたの目の前に、一人の相談者が座っている。

62歳女性、夫と二人暮らし。少しお酒臭い気がする。子どもは独立して県外へ出ており、仲が悪いわけではないが、よいわけでもない。子どもができてからはずっと専業主婦だった。

夫は昔から粗暴な性格で、イライラしては相談者や子どもたちを怒鳴り、にらみ、時には物を投げつける人だった。子どもが独立して家からいなくなると、その傾向は相談者に向けて一層ひどくなった。精神的に参った相談者は、心療内科でうつ病の診断を受けたものの、その原因となる夫が毎日家にいるので、薬を飲んでも一向に楽にならない。

いつしか相談者は酒量が増え、さらに夫のクレジットカードで高額な買い物をするようになり、家は使いもしないブランド品であふれている。それが夫にバレて激怒され、家を叩き出された。仕事も所持金もなく、家もない。

「私はこれからどうすればいいですか」。

- 「断らない相談支援」では、どの分野にもなじまないケースにも対応する必要があるため、「縦割り」や「ローカル・ルール」に縛られることなく、「使える手段はすべて使う」という姿勢が求められる
- この本では、弁護士として相談支援にかかわった筆者が「法律をきちんと読んだらもっと違う道筋が見えるのに」と思うテーマについて取り上げている

　さて、この《事例》、あなたは「自分の分野には関係ない」と思ったのではないだろうか。

　「高齢分野」の専門職であれば、相談者の年齢が65歳に達していないので「高齢者」ではないな、どの相談窓口を案内しようか、と考え始めたかもしれない。「障害分野」の専門職であれば、たしかに心療内科受診歴はあるようだが、精神保健福祉手帳の発行を受けているわけでもなさそうだし、だいたい今も通院しているかどうかもあいまいなので、「障害者」と言いづらいと考えたかもしれない。「子ども分野」の専門職からすれば、子どもが登場しないので、なおさら関係ないと感じただろう。残るは「公的扶助・生活困窮分野」の専門職だが、いやいや、これは夫からのＤＶ（ドメスティック・バイオレンス）を先に解決しなければならないのではないか、という気分になるかもしれない。しかし、「断らない相談支援」とは、この《事例》のように、どの分野からも浮いてしまうケースであっても、きちんと受け止めて対応しなければならないということだ。

　私が市役所に入り、職員と仕事をするなかで驚いたのは、福祉の世界は、法律ごとに分野が明確に区分されていて、思った以上にくっきりと縦割りの世界観を築き上げているということだった。これだけ世界観が分野ごとに固まっていると、突然「どんな相談がきても断るな」「包括的支援を提供せよ」と言われても、複数分野にまたがって俯瞰できる職員がいなければ、その「見えな

い境界線」を破って複合多問題ケースを整理することは非常に難しいだろう。

　これに対し、弁護士は、自分のところへ相談に来た人に最善の利益を提供するため、この世に存在するありとあらゆる法律を調べて解決方法を模索する。念のために申し添えると、弁護士も初めからあらゆる分野に精通しているわけではない。しかし、弁護士の場合、初めて目にする事件に対しては、一生懸命調べるので、活動範囲も、ケースごとの解決方法も、特定の分野のなかにとどまるということは基本的にない。「ＤＶ防止法はよくわからないので使いません」「刑事告訴はしたことがないのでやりません」などという事件処理をしていると、「弁護過誤」として違法と言われるおそれがある。だから、使えるものは全部使う。もちろん、福祉関係の制度以外の法律も、憲法、民法、刑法、労働基準法、消費者契約法、行政手続法などなど、なんでも使って依頼者の利益を最大化する。

　ときおり、「縦割り」や「ローカル・ルール」を理由に、方針決定に頭を抱える専門職がいるが、法律にはそのようなことは書いていない。法律の概念を正しく理解することで、「縦割り」や「ローカル・ルール」から自由になり、支援が充実するはずだ。

　一つひとつのケースにつき、相談者のニーズを淡々とすくいあげ、使える法律は全部使って解決する。「断らない相談支援」には、こうした姿勢が求められている。そしてそれは、弁護士が日々相談を聞き、事件を受任する際の姿勢に近いと言えるだろう。この本は、弁護士の姿勢でケースと接するなかで、筆者が「法律をきちんと読んだらもっと違う道筋が見えるのに」とか「使ったことなくても、あの法律を混ぜたら選択肢が増えるのに」と思ったテーマについて取り上げている。

この本のポイント②:《事例》から学んでほしいこと

　この本は、各章冒頭で事例紹介をしている。便宜上、事例の登場人物たちは高齢者だったり障害者だったり、わかりやすい特性を備えているが、各章で解説している内容は、属性にあまり関係なくどのような相談者であってもあてはまる解決策を示している。もっとも極端な場合、障害者差別解消法を高齢者にも使う方法を解説している章がある。それくらい、法律は自由だ。

　これからこの本を読むにあたっては、読者自身が身を置いている分野と異なる属性の相談者の事例であっても、関係ないと思わずに一度でよいので目を通してみてほしい。そして、登場人物の属性が高齢者であっても、仮にこれが障害者だったらどうなるだろうか、あるいは高齢者でも障害者でもなさそうな、「身体は一応健康そうなシングルマザー」だったらどうすればいいか、といったことを考えながら読み進めてほしい。

　なお、本書に出てくる事例は、いずれも筆者が公務員になる前後を問わず経験したケースから、そのエッセンスをミックスしてつくった架空事例であることを、あらかじめお断りしておく。

守秘義務はアセスメントのキホン

《事例》

　Aさん（40代男性）は、統合失調症のため現在無職である。初期の認知症と診断されている、70代の母親Bさんと二人で暮らしている。Aさんは、病状が悪化すると、ときおりBさんに暴言を吐いたり物を投げつけたりする。

　Bさんは、もともと戸建に住んでいたが、足が悪くて2階に上がるのがつらくなったのと、5年前に夫が亡くなったのを機に、このマンションに移り住んだ。このため、地域とのつながりはほとんどなく、民生委員とも会ったことはない。

　ある日、Aさんは調子が悪くなり、マンションのエレベーターホールで大声で叫びだした。驚いたマンション住民が管理組合の理事長Fさんに相談したところ、Fさんが警察に通報し、Aさんは精神科病院に入院をすることになった。

　Aさんが入院したことで独居になってしまったBさんの支援のため、地域包括支援センター職員のXさんはBさんを訪問した。すると、Bさんは、あまり子育てに協力的ではなかった亡夫の助力も得られないなか、一人で統合失調症のAさんを守ってきた、という話を切々と語ってくれた。

　Xさんは、今後Aさんが退院してきたときのことも考えながら、Bさんの生活支援のために地域ケア会議を開催することにした。メンバーとして、市役所の高齢福祉担当部署職員のCさん、Bさんの担当ケアマネージャーのDさん、地域の民生委員のEさん、警察に通報したマンション管理組合の理事長Fさんに参加してもらおうと考えている。

　Xさんがこの地域ケア会議を開催するにあたって、どのような点に注意するべきだろうか。

ポイント：「個人情報リテラシー」は多機関連携の基礎

- 「個人情報を適切に守る」ことは、本人からの信頼を得るだけでなく、多機関連携の基礎となる
- 守秘義務に関する法律について知ることで、どの情報をどこまで共有すべきかを適切に判断できるようになり、アセスメントスキルが向上する

守秘義務。個人情報保護。

これほど、連携にブレーキをかけるルールはない。

守秘義務について指摘されると、「何を口うるさいことを」と正直イラッとする人は多いのではないだろうか。事例に挙げたような個別支援会議は、地域包括支援センターに限らず、相談支援にかかわる専門職であれば頻繁に開いていることと思う。こうした個別支援会議の場では、共有した情報をもとに適切なアセスメントをして、その後の支援の道筋を決めることになる。適切なアセスメントのためには、正確な情報が一つでも多くほしいところであり、情報の出し惜しみをしている場合ではない。

しかし、誰に対しても、なんでもかんでもとにかく共有すればよい、というわけでもない。あなたが本人から預かっている情報は、本人があなたを信頼して託した「秘密」ばかり。支援の場では、日常的に相談者の既往歴や障害の情報、介護認定などの情報が飛び交うので、そうした情報を取扱う「怖さ」に慣れてしまうかもしれない。しかし、一般的に病気や障害に関する情報は、地域からの差別や排除を受ける原因になることも多い。不用意に情報が広がったせいで、本人が強烈な排除にあうことも少なくない。本人にとっては、できれば伏せておきたい秘密だろう。

どの情報が秘密なのか。どの情報を、どのような機関にまで共有できるのか。これらを的確に判断できるようになるということは、個人情報リテラシーが向上するとともに、実は福祉専門職として備えるべきアセスメントスキルの向上とも密接に関連している。個人情報リテラシーについて知るということは、単に法令順守だのコンプライアンスといった口うるさそうな話にとどめている場

合ではなく、専門職の専門性の中核を問われる重要なテーマである。

　それだけではない。「本人の秘密や個人情報を適切に守る」ということは、本人からの信頼と、多機関連携の基礎となる信頼を得るための大前提である。多機関連携が上手くいかないとき、少なくない場面で個人情報に対する感覚が機関相互でズレているように思われる。

　この「ズレ」をできるだけ小さくするためには、守秘義務に関し、法律などのルールがどのようになっているか、確実に理解しておくことが第一だ。

法律解説：守秘義務とは

1　「本人から得た秘密は、漏らすな」

　守秘義務とは、仕事をするうえで知ることになったご本人の秘密を第三者に漏らしてはならないという、専門職であれば誰でも負っている義務である。自治体の職員であれば地方公務員法に定められており、社会福祉士、精神保健福祉士、居宅介護支援専門員、保健師なども、それぞれの資格の根拠になる法律で必ず定められている義務である。地方公務員は、違反すれば罰則もあるし懲戒処分の対象にもなる。

　一例として、地域包括支援センター職員の場合、どのような条文になっているか見てみよう。

　　《介護保険法115条の46（地域包括支援センター）》
　　8　地域包括支援センターの設置者（設置者が法人である場合にあっては、その役員）若しくはその職員又はこれらの職にあった者は、正当な理由なしに、その業務に関して知り得た情報を漏らしてはならない。

「本人から得た秘密は、漏らすな」。
これだけである。
このほか、地方公務員にせよ、社会福祉士や精神保健福祉士といった資格に

せよ、守秘義務について定める条項は、ほぼ同様の内容の条文となっている。たまに「公務員のほうが守秘義務の程度が重い」などの誤解を聞くが、資格や仕事内容によって守秘義務の軽重が変わることはない。

　本人が専門職であるあなたへ何か相談するときは、自分にとって恥ずかしい情報や言いづらい情報も含めてさまざまな秘密を打ち明ける。それは、目の前で話を聞いているあなたを信頼しているからである。具体的には、**あなたに話した情報が、あなた以外の誰かに伝わることはない**、という信頼である。

　少し想像してみてほしい。たとえばあなたが昔、学生だった頃に、少々やんちゃをして警察や児童相談所のお世話になったことがあるとする。人に知られてよい気持ちのしないこの情報を、役所に対して一度も話したことがないのに、いつの間にか役所の人が知っていたとしたら、なんとなく気持ち悪いのではないだろうか。この信頼が守られず、本人が予期しない機関に自分の情報が伝わっていたとなれば、本人は安心して話をすることができないだろう。その意味で、守秘義務は専門職が負うべき最も基本的で重要な義務である。

2　第三者へ提供できる場合──本人同意

　そうすると、本人から得た秘密は何があっても第三者に提供できないのか、という疑問が湧く。そんなことではチーム支援において情報共有することもできず、専門職は仕事にならない。どうすればよいか。

　まず考えられるのが、「秘密」を秘密ではないものにしてしまうこと、つまり、本人自身に「教えてもいいよ」と言ってもらうことである。これが、「本人同意」と言われているものである。預かった情報を他機関（第三者）と共有する場合、本人同意を得ることが大原則になる。

　このことは、各種法律等にも明記されている。一例を挙げると、介護保険法に基づく指定居宅サービス等事業者は、サービス担当者会議等で利用者の個人情報を用いる場合は、あらかじめ本人の同意を**文書で得ておかなければならない**としている[*1]。地域包括支援センターの場合、必ずしも文書で残すことを求めてはいないものの、地域ケア会議などを開催する際には「市町村は、要援護者の支援に必要な個人情報を、個人情報の保護の観点にも十分留意しつつ、支

援関係者間で共有する仕組みや運用について、センターと連携して構築することが望ましい」としている[*2]。

　文書で残せ、と言われると抵抗があるかもしれない。守秘義務を解除するためだけであれば口頭で同意を確認できればそれでよい。しかし後日、個人情報の取扱いをめぐって本人とトラブルになった際、口頭確認だけでは合意を証明することができずに水掛け論になってしまう。自分自身と職員を守るため、**文書として残すことを強くお勧めする。**

　「文書で残す」とは、なにも「個人情報の提供に同意します」という同意書に本人のサインを求めることだけではない。もちろん、それができるのがベストではある。しかし、そこまで求めるには、本人と専門職との間に相応の信頼関係がなければ難しいことも多いだろう。そこで、サインを得ることが難しい場合は、経過記録に「同意を得ることができた」と記載しておくだけでも違う。とにかく、口頭で確認するだけで、後日確認する術がまったくない、という事態は避けたいところだ。

3　第三者に提供できる場合——正当な理由がある場合

　しかし、福祉の現場で支援をしていると、専門職の意図や支援の意味などを理解してもらえる対象者ばかりではない。そもそも会うこと自体を拒絶されるところから支援がスタートすることも珍しい話ではない。しかもそうしたケースであるほど多機関連携が必要となるため、この点が情報共有をする際に現場のジレンマとなりやすい。

　そこで再度、先ほどの地域包括支援センターに関する介護保険法の条文を見てみる。すると、「何がなんでも秘密を守れ」とは書いていない。「正当な理由なしに」漏らしてはならない、と書いている。ということは、**正当な理由がある場合には、第三者にその秘密を提供することが許される**のである。この、「正

＊1　指定居宅サービス等の事業の人員、設置及び運営に関する基準33条3項等
＊2　厚生労働省（平成30年）「地域包括支援センターの設置運営について」4（3）⑤ウ

当な理由」がある場合の典型的な場面は、①情報提供する根拠となる法律があるときや、②情報提供をしなければ本人等の生命、身体または財産に重大な損害が生じるおそれがあるとき、などと解されている。

①根拠となる法律があるとき

たとえば、本人が家族や施設などから虐待を受けているのを発見した際に、市町村へ通報する場合、虐待通報を妨げるような守秘義務の解釈をしてはならない、という規定が各種の虐待防止法で明記されている[*3]。また、地方公務員であれば、職務中に犯罪行為を見つけてしまった場合は、行政目的に反しない範囲で告発する義務を負っている（刑事訴訟法239条2項）。この告発をする場面においては、相談者の秘密を警察に渡すことが必要となる場合がある。

②本人の生命、身体または財産の保護のために必要がある場合

たとえば、高齢者の安否確認のために自宅を訪問したところ、意識不明で倒れていたために119番通報をするような場合である。このとき、駆けつけた救急隊にその住民の個人情報やそれまでの支援経過等から必要な範囲で情報を伝えることは許されるべきだろう。そこまで緊急性が高くない場合であっても、たとえば浪費癖やギャンブル依存症などで、目を離すと短期間で一気に自分の財産を使い果たしてしまうような人を見つけたときは、本人の「財産の保護」が急務である。手持ちの資金がまったくない場合に浪費を放置すると、食事ができなくなって本人の健康が著しく損なわれる可能性もある。こうした場合、本人が情報共有をすることになかなか応じてくれなくとも、「本人の生命、身体または財産の保護のために必要がある場合」に該当すると解釈して、関係機関で本人情報の共有をすることも許される。

このように、例外的に秘密を他機関（第三者）に提供することが許される場面があり得るものの、その範囲はそれほど広くはない。本人の命や健康に危機が迫っていたり、資金が底をついて生活が立ち行かなくなるほどの緊急性がな

＊3　高齢者虐待防止法7条3項、障害者虐待防止法7条2項など

い限り許されないため、やはり本人の同意のもとで共有することが基本となる。

4　個人情報保護との関係

支援現場で問題となる「個人情報保護」の問題は、以上の通り、守秘義務の問題として理解されるものである。

では、個人情報保護法は、まったく関係ないのだろうか。

ここまで解説してきた守秘義務のうち、対人援助のなかで得た秘密のうち、「一般的に知られたくないと思うであろうこと」については、個人情報保護の問題とほぼかぶってくる。

守秘義務で言うところの「秘密」とは、個人情報保護のルールでは「要配慮個人情報」、すなわち氏名、住所、生年月日などの個人を特定する一般的な個人情報とは別に、さらにその取扱いを慎重にしなければならないとされている情報（人種、信条、病歴、犯罪の経歴、犯罪によって害を被った経歴など）とほぼ同じである。そして、第三者と共有する際に守るべきルールも、ほぼ同じである。このため、守秘義務に関するルールを守っている限り、同時に個人情報に関するルールも守っていると考えて差し支えない。

相談支援の処「法」箋：本人理解と個人情報リテラシーがカギを握る

1　守秘義務を意識した支援記録のつけ方

相談支援の現場では、日々、いろいろな人の話を聞き、電話を受け、支援会議を開催するなど、絶えずケースが動いている。それらを一つひとつ細かく記録化することは非常に面倒であるし、業務を圧迫する。しかし、これは自分と、自分が所属する機関を守るためであり、そのためには以下の二つを意識して作業をするとよい。

①本人の同意があったことをあとから誰でもわかるようにしておくこと

② （本人からの同意が得られない場合に）情報共有をする必要があったこと
　をあとから誰でもわかるようにしておくこと

　まず、①本人の同意があったことをあとから誰でもわかるようにしておくために、どのような記録をつけておけばよいだろうか。これまで、本人の同意を得ることが情報共有の大原則である、と何度も述べてきた。もちろん、本人との信頼関係のことだけを考えていれば、口頭で同意を得るだけで十分のはずである。ただ、多くの専門職が経験していることと思うが、本人の意思や言動は簡単に揺らぐ。今日言っていたことと真逆のことを10日後に言うかもしれない。そのときに、専門職が「だって、昨日は「いいよ」と言っていたじゃないか」といくら説明しても、今、目の前にいるのは「私のことは放っておいて。もう誰にも連絡してくれなくていい」の一点張りになっている本人なのだ。

　こうした場合、本人が同意したときの様子がわかるものが何一つないという状況は非常にまずい。そこで、同意を得られた際には必ず、記録化しておく必要がある。支援経過を記録する書類に記載するのでもよい。フェイスシートに下記のようなチェックボックスをつくり、個人情報共有の同意を得られた段階でチェックマークと日付、同意を聴取した担当者の名前を書く欄を設けておくと、それだけで違う。

□ 支援のため、個人情報を他機関と共有することにつき同意を得ました。
（　　　年　　　月　　　日　　　担当：　　　　　　　　　）

　このチェックボックスは、最低限の記録である。さらに同意を得た際の状況がわかるよう、面談記録、議事録等は必ず作成する。

　次に、②同意が確認できない場合であっても、どうしても本人の生命、身体、財産を守る必要があるときは、法的にも情報共有が許されることは法律解説でも述べてきた。ただ、あとになって情報共有が「違法な情報漏えいだ」と言われてトラブルになる場合もある。このとき、「本人の生命、身体、財産を守る必要性」があったのかどうかが問題となるので、情報共有の場にいなかった者でも、その時点の状況がわかるような記録を残しておく必要がある。

たとえば、こんなときはどうすればよいだろうか。

外から中をうかがうだけで一見して明らかに「ごみ屋敷」とわかるような家があった。荷物は玄関ドアから外にあふれており、中に人がいるのかどうかよくわからない。玄関から声をかけてみると、奥のほうから女性の声で返事が聞こえる。しかし、「何も用事はない。帰れ」と言う。1週間後、また様子を見に来てみた。やはり同じように追い返そうとする。少しねばっていろいろと話しかけていたところ、なんとタバコを吸いながら、見たところ70歳は過ぎていそうな本人が玄関先まで出てきた。冬の寒い時期にもかかわらず、半袖の服を着ている。認知症を発症しかけているのだろうか。この大量のごみの中で、タバコの火が引火したらどうなることか。この家も、隣の家も無事ではすまなそうだし、何より本人の命が危ない。これから信頼関係を築くにしても、自分の所属機関だけでは対応しきれなそうだ。どうしたものか。

このような場面では、本人はあなたと会うこともかたくなに拒否しており、まして他機関への情報提供などというややこしいことなど受け入れてくれそうにない。しかし、どうやって溜め込んだのか不思議なくらいのごみと、本人が喫煙者であるということから、少なくとも本人の財産は危ないと見るべきだろう。このとき、記録に「ごみ屋敷だから」と記載しただけでは、この危険性があまり伝わらない。ポイントは、ごみが大量に家の中に詰まっていることに加え、本人が喫煙者であることと、服装が気温に適しておらずちくはぐであることである。もし本人が認知症に気づかずに一人暮らしをしているのであれば、うっかり火事にでもなれば本人の命も財産もより一層危ない。

このように、本人の同意を得られない場合にやむを得ず他機関と共有し、連携する際には、支援会議の議事録でもよいし、それぞれの経過記録でもよいので、本人の「生命」「身体」「財産」が危険であることがわかる事情を、できるだけ細かく記録しておく。

2　地域との関係

　守秘義務に関する法律相談でよく寄せられるのが、本人の情報を地域の人とどのように共有すればよいのかという相談だ。自治体職員も、相談機関職員も、地域で暮らす人々とは無縁ではいられず、地域との信頼関係によって業務が成り立っている。地域住民が必要とする情報を、守秘義務などという堅いことを言って出さない、となると、地域との信頼関係が損なわれてしまう、という懸念がある。非常に難しい問題である。

　具体的によくあるのは、民生委員や自治会長との情報共有をいかに実施していくかという相談である。いずれも、地域の見守りの最重要人物であり、地域福祉は彼らとの信頼関係なしには成立しない。

　役割の点から似ている民生委員と自治会長だが、法律的にはこの二つの役職は大きく異なる。民生委員は、厚生労働大臣から委嘱された非常勤特別職の地方公務員である[4]。そして、法律上、守秘義務も定められている[5]（ただし、違反しても罰則はない）。

　一方、自治会長には、法律上の根拠は原則としてなく、自治会の規約に基づく地位が与えられているに過ぎない。自治会の規約上、守秘義務を定めていればそれによるが、原則としてそうした義務も負っていない。このため、本人の情報を自治会長へ提供するのは、基本的には本人が同意している場合に限られると考えるべきだろう。

　次に、その時点で必要とする支援は何かを考える。民生委員は法律上の守秘義務を負っているものの、守秘義務がある＝なんでも秘密を共有してもよい、ということにはならない。専門職として、その時点で民生委員の協力を得る必要がある場面であれば情報共有は許されるが、現時点では専門職のみで対応すべき場面、たとえば、虐待対応のごく初期、事実確認や緊急的に本人を避難させる必要があるような場面においてまで全部の情報を共有することには、慎重

＊4　民生委員法5条1項
＊5　民生委員法15条

になるべきである。また、地域住民と、地域ケア会議などで情報を共有する必要がある場合は、守秘義務を負うことについて毎回きちんと注意をしておく必要がある。

　最終的には、今、民生委員の力が必要な場面か、その民生委員と本人との信頼関係はどの程度かなど、いろいろな事情を検討したうえで、対応方針を決めることになる。その意味で、最終的には、実践の経験から研ぎ澄まされたあなたの勘がものを言うのである。

　ちなみに、このようにうんうん唸って考えた思考過程も、記録に残しておくとよい。あとでトラブルになったときに、「何も考えずに個人情報を提供した」と言われても動じないようにするためである。

3　個人情報共有の観点から考える個別支援会議

　これまで述べてきたような条件をクリアし、個人情報を自分の所属機関の外へ提供するとしても、どんな人にも自由に提供できるわけではない。

　その場面において必要とされる人に対し、必要な範囲で提供できるにすぎない。住民の前科に関する情報につき、法律的に第三者への提供が許される場面であっても、何も考えずに漫然と全部の前科情報を提供することは違法である、という判例もある*6。この話を個別支援会議の開催の場面に置きかえても、改めて下記について、あらかじめよく検討する必要がある。

　　　①なぜその人の情報を共有するのか（共有する目的）
　　　②誰と共有するべきなのか（共有する範囲）
　　　③共有する内容

　たとえば、多機関で見守り支援をする必要がある場合であっても、本人と一切関係のない人にまで個人の秘密を教えることは適切ではない。

---

*6　前科照会事件（最判昭和56年4月14日民集34巻3号620頁）

それぞれが果たすべき役割、必要とされる支援等につき、会議を主催する専門職の綿密なアセスメントがあって初めて、個別支援会議への参加を依頼する機関が決まる。個人情報保護とか守秘義務とか、小難しいことを考えているようでいて、実はケースのアセスメントスキルの問題に直結するような気がするのは、私だけではないはずだ。

4 冒頭の《事例》を考える

では、冒頭の《事例》の場合、どのような点に留意すべきか。

(1) 会議の目的と獲得目標の設定

まず、何のために会議を開くのか、そして会議のなかでどこまでの方針を決める必要があるのかを明確にしておく必要がある。それによって、情報共有にあたり、誰の同意が必要になるのかや、共有すべき情報の範囲が決まってくる。

Aさんが入院している間に、母親のBさんの認知症について受診支援をし、介護保険サービスの調整と契約をすることが目的であるならば、情報共有のための同意を得るべき「本人」は母親のBさんになる。

その場合も、Aさんの病状や現在の状況に関する情報を共有しなければ支援計画を検討できないような事情であれば、Aさんにも説明をして了解を得ておくことができればベストである。ただ、Aさんの病状的に、すんなりと意向を確認することは難しいかもしれない。その場合、今回の会議においては、Aさんに関する詳細な情報の共有は控えておく、という配慮が必要になる。最初は母親のBさんの支援計画のために集まったはずが、Aさんがマンションのエレベーターホールで起こした事件のほうがインパクトが強かったために、会議の席上はもっぱらAさんの話ばかりしてしまった、などということになってはいけない。専門職、とりわけ市役所職員Cさんや地域包括支援センター職員Xさんの立場が最も情報を持っているであろう。XさんとCさんは、会議の目的と関係のない情報まで共有しないよう、注意しなければならない。

このように、Xさんは、地域ケア会議の目的と獲得目標はきちんと設定し、意識しておかなければならない。

（2） 会議への参加を要請する人の選定

　次に、会議への参加を誰に要請するかを検討する。

　まず、市役所職員のCさんは、Aさんの支援にも波及する可能性があることを考えると、参加してもらったほうがよいだろう。また、ケアマネージャーのDさんも、このケースにおいてBさんを知る数少ない専門職なので、参加をお願いする。

　次に、民生委員のEさんをどのように考えるべきだろうか。今後期待される役割として考えられるのは、Bさんに対する見守りであろう。いずれEさんの協力が必要になるタイミングがくる可能性は高い。しかし、Bさんは、Eさんといまだに会ったことがないことを考えると、現時点でBさんにとってEさんは全然知らない人である。Bさんが、これまで誰にも言わずに一人でAさんの病気のことを抱えて生きてきた思いを考えると、Bさんにとっては見ず知らずの「近所の人」であるEさんにどのように情報共有し、協力をお願いするべきか、慎重に考えるべきであろう。今回の《事例》においては、Eさんに初回の地域ケア会議から参加を依頼すべきかは、検討の余地がある。

　問題は、マンション管理組合理事長のFさんである。Fさんは、マンション住民の代表という立ち位置である。Aさんの入院前の迷惑行為の被害者も同じマンションの住民であり、その相談を受けてFさんが警察に通報している。ＡＢ親子にとって敵対的な位置づけになる可能性も高い。よほどＡＢ親子にとって、マンション理事長としての協力が必要である、という事情がない限り、AさんとBさんの秘密がFさんに伝わるのは、現時点では避けたほうがよいだろう。

　このように考えると、初回の地域ケア会議の参加者は、地域包括支援センターXさん、市役所高齢福祉担当部署のCさん、BさんのケアマネージャーのDさんの3名（あるいは民生委員Eを加えた4名）ということになる。やや少ない気もするだろうが、人を厳選している分、「出してはいけない情報」が少ないため、守秘義務に気を遣わずに自由に支援計画の議論をできるだろう。

　会議の出席者を考えるのにも、ケースと本人の思いへの深い理解と、個人情報リテラシーが必要となる。

自治体ワンポイント①　個人情報保護審議会を活用する

法律に定められた個別支援会議

　ケース１のような地域ケア会議は、介護保険法にきちんと位置づけられている。このように法律上位置づけられた個別支援会議の場合、それぞれの法律に、関係機関による情報共有を推奨する条文が定められている[*1]。このような法律がある場合は、「法令に基づく場合」と解し、本人の同意を得ることが難しいうえに明らかな緊急性も認められないようなケースでも、個別支援会議で情報共有できることがあり得る。

　ただ、こうした条文がある分野（高齢者、生活困窮者、児童、子ども・若者等）であれば情報共有ができるが、障害福祉分野や成年後見等、同じような条文がない分野はたちまち対応できなくなってしまう。現場としては、その日集まったメンバーや会議の目的と、法律の有無とを毎回確認するなど、面倒かつ難しくてつきあいきれないだろう。

　さらに、自治体の職員は、個人情報保護法ではなく、所属する自治体が定める個人情報保護条例に従って個人情報の管理をする必要がある。そして、個人情報保護条例は自治体ごとに内容がまちまちであり、個人情報保護法では許される情報共有も、条例では許されない、というケースも少なくない。

　このように、守秘義務や個人情報に関するルールを完璧に遵守しようとすると、支援に混乱をきたすことになる。主体によって、拠って立つ個人情報保護のルールがバラバラで、統一的な管理を難しくしているという問題は、俗に「個人情報保護法制2000個問題」と呼ばれ、対人援助の場面に限らず、大きな社会問題となっている。2021（令和3）年5月、この点を解決するべく、改正個人情報保護法が成立した。改正後の条文によると、個人情報の定義や第三者提

　＊1　【高齢者】地域ケア会議：介護保険法115条の48第3項【生活困窮者】支援会議：生活困窮者自立支援法9条3項【児童】要保護児童対策地域協議会：児童福祉法25条の3【子ども・若者】協議会：子ども・若者育成支援推進法20条3項など

供のルール等を国、民間、地方自治体等で統一することになる。なお、改正法は、2023 年（令和 5 年）4 月施工予定である。どの自治体にとっても、大なり小なり影響がある改正なので、注意が必要だ。

各地方自治体の個人情報保護条例に基づく個人情報保護審議会

　そこで、こうした不安定をなくし、あらゆる分野に関する個別支援会議で一定の条件のもと自由に情報交換できるようにする一つの工夫として、各地方自治体が定める個人情報保護条例に基づいて地方自治体が設置する個人情報保護審議会に情報共有の運用やそのあり方について諮問し、それを包括的に許可する答申を得ることが考えられる。そうすることで、少なくとも自治体内部及び自治体から委託されている相談支援機関（地域包括支援センターなど）については、統一のルールで情報共有することが可能になる。

　具体的には、どのような場合に、どこからどこへ個人情報を提供、共有することが許されるのか、各地方自治体の支援機関の実情に合わせた運用のルールを協議し、つくりあげ、個人情報保護審議会の答申を得ておくとよい。個人情報保護条例を所管する部署と協議を重ねながら、個人情報保護の必要性と情報共有の必要性のバランスの取れる制度設計を行い、現場の専門職が安心して相談支援に臨めるような環境整備を行うのも、行政の役割だろう。

　このように、細かい運用ルールについて個人情報保護審議会の答申を得ることは、今後個人情報保護法が改正されて全国的な統一ルールができたとしてもなお意味がある。法律も、それに基づいて示されるガイドラインも、個別支援に関する細かい個人情報運用ルールにまでは及ばないことが予想されるからだ。個人情報運用のルールを地域の関係者で協議し、審議会の答申を得ることで共有することが望ましい。

あきらめさせない債務整理

《事例》

　地域包括支援センターに、ある病院から連絡が入った。70代のAさんの入院医療費が払われていないという。息子のBが連帯保証人になっているが、連絡がつかないらしい。

　Aさんによると、息子のBさんには軽い知的障害があり、療育手帳は取得しているものの、とくに福祉サービスは利用していない。数年前、お金の管理をしていた妻が亡くなったが、そのあとお金がどうなっているのかよくわからないという。

　Aさんの自宅を訪問してみたところ、テーブルには「○○債権回収」からの封筒がいくつか置いてあった。相談員のXさんがBさんに事情を聞くと、Bさんはスマートフォンのネットゲームにハマっており、毎月数万円の利用料が課金されていると言う。

　母親が亡くなったあと、Aさんが管理しないので、仕方なくBさんが買い物をするようになった。Bさんは計算が苦手なので、出費を全部クレジットで払っていたら、いつの間にかこうした封筒がいくつもくるようになったという。収入源はといえば、Aさんの年金と、Bさんの障害基礎年金くらいしかない。

　Xさんは、Aさんの入院医療費のために、まずBさんへの請求をなんとかしなければと思った。でも、ネットゲームの課金などという浪費でできた借金では自己破産などできない、と聞いたことがある。どうしたものか。

ポイント：多重債務には専門職による早期発見・早期介入を

・債務整理への誤解から、本人や専門職が弁護士へ相談する際に、ブレーキ
がかかってしまっている
・「債務整理＝法律家の仕事」ではあるが、福祉の専門職による早期発見・
早期介入によって救済の方法が増えるため、知識として把握しておくとよ
い
・債務整理の理解を深めることで、本人が安心して弁護士へ相談できる状況
をつくることを目指そう

　相談者の自宅に行ってみたところ、テーブルの上に請求書の封筒や葉書がチ
ラチラ見えた、というケースは珍しくないだろう。一家のなかで障害のある人
が家計を管理せざるを得なかったような場合、その障害の影響でその人が多重
債務に陥ると、世帯全体の生活も困窮していく。地域で相談を聞いていると、
高齢者・障害者・シングルマザー・ひきこもりなど、あらゆる生活困窮ケース
の背景に多重債務がある。

　多重債務は、言うまでもなく明らかに法律問題である。そのため、比較的に
弁護士などの法律家のところへつなぎやすい課題だと言える。その反面、法律
家の仕事であると思い込み、「専門職がどうにかできる課題ではない」とあき
らめてしまい、ノータッチになってしまっているケースもあるように感じられ
る。しかし、弁護士の立場からは、多重債務は病気と同じで、早期発見・早期
治療が大事であると考えている。債務額が少なければ少ないほど、取れる選択
肢の幅は広くなるので、課題にフタをせず、とりあえず弁護士のところまでつ
ないでほしい。

　債務整理は、テレビCMが多数流れるなど、誰にとっても身近な法律相談の
テーマであるが、だからこそ誤解も多い。そうした誤解のために、弁護士に相
談する前からあきらめることは誠にもったいない。さて、あなたは下記五つの
質問に正確に答えられるだろうか。

1　弁護士に債務整理の依頼をしてから本人に対する取り立てが止まるまでにだいたい1ヶ月程度かかる。
2　「どこから借りたか、何社借りていたかわからない」という場合など、相手がわからないと債務整理のやりようがない。
3　自己破産をしない限り、ブラックリストには載らない。
4　ギャンブルや浪費でつくった借金は、自己破産をしてもチャラ（免責）にならない。
5　持ち家がある場合は、売ってしまわないと債務整理できない。

　全部自信を持って正解できる場合は安心だが、自信たっぷりに誤答してしまうと、大変なことになる。あらかじめ言っておくと、全部「×」である。そして、誤った知識に基づいて弁護士につなができなかったことで、できるはずだった債務整理の機会を逃してしまうと、のちのち余計に時間がかかったり、下手をすると「整理できない」などということにもなりかねない。適時・適切なタイミングで弁護士につなぐことさえできれば、多重債務の問題は必ず解決できる。
　ここでは、債務整理の基本的なところを押さえつつ、多重債務に苦しむ相談者が来たときに自信を持って「その債務、なんとかなります。大丈夫」と答えられるようにすることを目指す。そして、専門職が弁護士と連携して多重債務に取組むことができれば、その相乗効果によって、弁護士だけで処理するよりも、はるかによい経済的更生が実現できる。

法律解説：自己破産手続をはじめとした債務整理のルール

1　債務を整理するときの大原則

　債務整理とは、多重債務に苦しむ相談者にとっては、毎月の支払から一部または全部解放され、経済的に更生するための手続だ（債務整理の方法は、「2　払う？　払わない？　債務整理の方法」で詳しく説明する）。しかし逆側、つまり債権者側から債務整理を捉えると、債務者（お金を借りている人）に対してお金を請求する権利が満足に達成できない、ということになる。本来ならば、契約や法律に基づいて満額払ってもらえるはずのお金について、大なり小なり全債権者に泣きを見てもらいながら相談者の経済的更生をはかるのが債務整理である。

　このため、債務整理を依頼された弁護士は、**相談者の苦境を救うという視点**の他に、**法律にのっとって全債権者に対して公平かつ誠実に整理手続を行う**、という使命も負っている。一見矛盾するようにも思われるが、法律の世界で債務整理を行う以上、**この二つの視点のバランスはとても厳しく求められる**ということを押さえておいてほしい。特に後者については、日頃の福祉の現場の支援ではあまり考えたことがないだろう。しかし、この点を軽視した支援をすると、いざ弁護士に依頼をして法律に基づいた債務整理をする段階で、選択肢を狭めてしまうことになりかねないのである。

　この二つの視点から、債務整理の依頼を受けた弁護士は、具体的に以下の3点に特に神経を使って事件を処理する。ともに連携をする専門職にも知っておいてほしい点だ。

1　債権者への支払いなどに当てられそうな資産が債務者にある場合は、それをきちんと残しておくこと。
2　すべての債権者間で、債権者平等が守られるようにすること。
3　債務者の生活が立ち行かなくなるような事態は避けること。

　この3点が以下のような場面で疎かになりやすいので、注意が必要だ。

まず、「1」との関係では、たとえば多重債務に苦しむ相談者がまだ売れそうな自動車を持っている場合、「なんとなく取られそうだから」という理由で債務整理の相談に行く前に友人に名義を移したりしてはならない。たまにそれをしようとする人がいるが、あとで必ずわかることだし、わかってしまった場合には名義を友人から戻してもらわなければならなくなるので、かえって友情にヒビが入ることになる。同様に、口座のなかにあるお金を親族名義に移すことも厳禁である。債務整理の手続の過程では、必ずすべての通帳を見られるので、そのなかに大きな金額が動いた跡があれば、弁護士やら裁判官やらいろいろな人につっこまれる。やりすぎると自己破産をして債務を免責してもらうことが難しくなってしまい、取れる選択肢が減ってしまう。

　次に、「2」との関係で失敗する人が多いように思われる。一番多いのが、親族からお金を借り入れているような場合に、「世話になっているからどうしてもこの人にだけは返したい」と言って弁護士にも内緒にしてしまう例である。しかし、法律上、債務整理をする場面においては、●●クレジットも■■銀行も親戚のおじさんも、「債権者」という意味ではみな平等である。「支払う」のか、「支払わない」のか、支払うとして「どの程度支払う」のか、その取扱いはすべての債権者で厳格に統一することが求められる。おじさんにだけ返して、■■銀行には返さずに破産する、ということは絶対に許されない。もしこのルールを破れば、債務超過に陥ったあとでおじさんに返したお金を取り戻してもらわなければならなくなる。先ほどの車の名義の話と同じで、そちらのほうが余計におじさんに迷惑がかかることになる。

　最後に「3」との関係で見かけるのが、明らかに債務超過に陥っているのに、整理のめどがつくまでは「あなたが借りたお金なのだから」と言って、約束通り支払わせ続ける助言を専門職がしてしまう光景である。債務超過に陥り、なんらかの債務整理の必要性が感じられたら、すぐにすべての支払いをいったん中止してもらって弁護士のところへ相談に行くようにしてほしい。とりわけ生活保護を利用している人や、利用はしていないが最低生活費水準でギリギリの暮らしをしている人の場合、月々に入ってくるお金はすべて、生存権の保障、すなわち「健康で文化的な最低限度の生活」に当てなければならない。債務の返済に回すお金など理屈上ないはずである。

こうした原則は、普段あまり意識したことはないだろうし、ひょっとすると、「意外と厳しいな」と思われた人もいるのではないだろうか。こうした「地雷」のように張りめぐらされた注意点を、全部避けきることは難しい、というのも、早期の法律相談をお勧めする理由だ。多重債務からの救済とはいえ、裏を返せばすべての債権者の期待を合法的に裏切る行為になるので、**守るべきルールは守らなければならない。**「支払いがきついから、しんどい債務だけチャラにしてもらおう」という、手軽な手続ではない。

2 払う？ 払わない？ 債務整理の方法

任意整理。債務整理。自己破産。過払い金請求。

平成20（2008）年頃からこうした単語がテレビCMで踊るようになってきた。なんとなく「借金を整理することなのだろうな」と思っていても、それぞれどういったことを意味するか、立ち止まって考えてみたことがある人は少ないかもしれない。

「自己破産」と言うけど、「他己破産」はあるのか[*1]。「任意整理」の「任意」ってどういうことだろう。任意じゃない整理があるのか。債務整理と任意整理って同じことではないのか。

普段、相談支援をするなかで、専門職が債務整理の方針まで具体的に考える必要はない。**とにかく支払いが苦しければ、一度弁護士のところへつないでしまおう。**あとは弁護士が相談者との面接や調査の結果を踏まえてアセスメントし、方針を決定してくれる。ただ、債務整理でどういうことができるかを知り、イメージを持っておくことは、弁護士へのつなぎやすさにもかかわるため、ここでごく簡単に紹介しておく（図1）。

[*1] 「他己破産」という名称ではないが、債権者が申立をする「債権者破産」という手続がある。ただし、本書では詳しくは触れない。

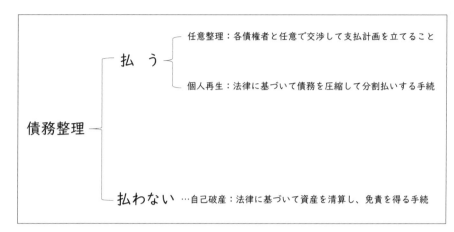

図1　債務整理でできること

（1）自己破産——「払わない」法的整理

　最もポピュラーかつよく使われている債務整理手続である。破産とは、支払不能や債務超過の状態にある債務者の財産等の清算をする手続である。実は「破産」それ自体は、債務超過にある債務者の財産をお金に換え、債権者に配る、つまり「清算」をするだけで、「債務をチャラにする効果＝免責」は、破産とはまた別の手続なのだ。会社ではなく個人が破産する場合にだけ、特別に「免責申立」を一緒にすることで、初めてチャラになる。この「清算」と「免責」という二つの手続を一緒にすることが自己破産のポイントとなる。

　以下、給与、年金収入がある人や生活保護利用者などの個人の自己破産を念頭に置いて説明する。相談者が個人事業主（建設業や左官業などの一人親方を含む）や会社経営者である場合には、留意すべきポイントが大きく変わるため、その場合にも直ちに弁護士に相談する必要がある。

①自己破産のメリット

　自己破産のメリットは、言うまでもなく債務の免責である。これまで毎月何万円もの債務の支払いに苦しんでいたものがなくなり、債権者からの取り立ての手紙や電話も一切なくなる。経済的な立ち直りのためには大きなメリットだろう。また、財産を根こそぎ清算しなければならないわけではない。たとえば

自動車の場合、登録後数年の新車だったり、購入時のローンが残っていたりすると資産として清算されてしまうが、資産価値がないくらい古い自動車の場合は、「財産価値なし」として清算の対象にならないこともある。また、本当に０円になるまで清算すると生活していくことができないので、一般的には99万円までは財産を手元に残せる手続がある。こうした点は、生活保護の申請要件などに比べるとずいぶん緩やかになっている。

②自己破産のデメリット

　まず、「清算」の側面からのデメリットは、自宅が持ち家の場合は、売却して換金しなければならないことだろう。これは避けようがない。また、車も、①の逆で資産価値がある場合は売却し、やはり換金する必要がある。

　次に、連帯保証人がついている債務がある場合は、破産申立をするとそのあとは連帯保証人へ請求が行くことになる。よくあるのが、子どもの教育ローンの連帯保証人に、別れた配偶者や高齢の親がなっているような場合である。別れた配偶者と改めて連絡することが難しかったり、高齢の親に申し訳なかったり、絶対に支払えない金額の債務額になってしまっていたり、さまざまな事情でためらわれる。債務額によっては、連帯保証人も相談者と一緒に弁護士に依頼することも検討する必要があるだろう。

　また、当面の間、クレジットカードが使えなくなり、ローンの審査も通らなくなる。これは自己破産に限ったことではなく、弁護士が介入して債務整理をする場合すべてに当てはまる。信用情報機関が管理し、金融機関や信販会社などが共有する個人信用情報というデータベース（俗に「ブラックリスト」と呼ばれるもの）に事故として載る。これに掲載されると、原則として再度の自己破産ができない期間である７年前後（５〜10年）の間は、クレジットカードの与信審査が通らなくなる。ＥＴＣカードを常に使用する職業（運送業など）に就いている人の場合は、プリペイド式のＥＴＣカードの利用を検討してほしい。

　自己破産を裁判所に申立てて、裁判所からの開始決定が出てから、免責許可の決定が出るまでの間、特定の仕事に就くことができない。「特定の仕事」とはいろいろあるが、おおよそのイメージで言うと「お金を取扱う仕事」である。たとえば、金庫やＡＴＭからの現金回収を担うこともある警備業や、弁護士、

司法書士、会計士、税理士などのお金の管理を業とする仕事、生命保険募集人などである。

　最後に、裁判所が破産の開始決定をすると、名前と住所が官報に載る。官報とは、新しい法律の公布や国家試験の合格者など、国が国民に知らせるべき事項を記載した広報紙のようなものだ。インターネット上でも公開されているものの、これを気軽に手に取って読む人はあまりいないだろう。たまに破産をすると戸籍に載る、と勘違いしている相談者がいるが、そうしたことはない。破産の事実が公表されるタイミングは、この官報に載ることだけなので、別居の親戚や近隣住民に破産の事実がバレることは、相談者自身が明かす以外にはあまり考えられない。

③自己破産（免責）できない場合

　自己破産の最大のメリットは免責だが、どんな債務もすべて免責されるわけではない。免責されないパターンとして、「債務の種類が免責の対象外である場合」と「免責が許されない事情（免責不許可事由）がある場合」に分けられる。

　まず、前者について、すべての債務が免責対象になるわけではない。公租公課、つまり税金や国民年金、国民健康保険料などは免責対象外である。また、悪意で加えた不法行為に基づく損害賠償債務や、離婚後に離れて暮らす子どもに対して負う養育費、離婚前の扶養義務として夫婦相互に負う生活費（婚姻費用）なども、破産手続では免責されずに残るので、注意が必要である。

　免責の対象となる債務であっても、一定の「免責してはならない事情」が破産法に挙げられている [*2]。財産を隠したり、裁判所に嘘をついたり、といった違法性の強そうな事情や、免責許可を受けてから7年以内の申立である場合も免責できない事情に含まれている。

　ここでよく問題になるのが、このなかに「浪費又は賭博その他の射幸行為をしたことによって著しく財産を減少させ、又は過大な債務を負担したこと」という項目がある点だ。このために、「パチンコ、競馬、最近ならゲームの課金

＊2　破産法252条1項に免責できない事情（免責不許可事由）が並んでいる。

などのギャンブル性のある理由でできた借金は、破産できない」と言われることがある。たしかに、免責という制度は、生活のためにやむを得ず生じてしまった多重債務から債務者を解放して、その後の経済状況を再生するための手続であり、主に浪費が原因でできた借金は簡単に免責できない。債権者も納得しない。このため、原則として免責することが難しい、という点では誤りではない。

　ただ、免責の道が一切ないかと言われるとそうではない。仮に免責不許可事由にあたるとしても、さまざまな事情を考慮して、債務者の経済的更生のために必要と認められれば、裁判所の裁量で免責を得られる道もある[*3]。そして、この裁量の幅は緩やかである。もちろん、多重債務の原因となったギャンブル等について、今後どのように改めていくのかを、事実と証拠に基づいてかなり丁寧に説明する必要がある。この作業は、それまでギャンブル等への依存傾向が染みついた人であればあるほど、つらいものになることは間違いない。ただ、そこできちんと説明できるだけの環境調整が実現すれば、免責を勝ち取ることも十分に可能である。

　本人にとっても、専門職にとっても、そして受任する弁護士にとっても、容易な道ではないが、しかし「ギャンブルだから無理」と結論づけることは避けたい。何より、専門職の力が加わることによって、より債務者本人の財産管理の「弱さ」に寄り添った環境調整ができ、弁護士だけで処理するよりも免責を獲得できる可能性が広がる。あきらめてしまうよりは一度、弁護士に相談し、ぜひ連携、協力して相談者の経済的な立ち直りを支援してほしい。

④自己破産の手続

　自己破産の手続は、申立人の財産を調査し、お金に換えられそうな財産は換金し、債権者に平等に分配する手続である。これらをすべて裁判官が行うのが筋であるが、申立件数に対して裁判所だけではマンパワーも機動力も限界があるため、裁判所が近所の弁護士のなかからこれらの調査をするための裁判官の代わり＝「破産管財人」を選任し、手続を任せる。免責を許可してよいかどう

[*3]　破産法 252 条 2 項

か疑問がある場合にも、破産管財人が選任され、事情を調査される。多重債務の背景に、ギャンブルや浪費が深くかかわっているような場合は、この破産管財人を説得して、免責を許可するよう、裁判所に意見してもらわなければならない。このように、破産管財人が選任される事件のことを「管財事件」という。管財事件となる場合、あらかじめ予納金（主に破産管財人の報酬になる）を裁判所に納めなければならない。その金額は地域によっても異なるが、最低20万円であることが多い。しかも、基本的に分割納付は許されない。「お金がないから破産するのに、弁護士に対してだけじゃなくて裁判所にも20万円も用意しなければならないのか」と思うかもしれない。破産するにも資金とエネルギーが必要なのである。

　これに対し、現金化して債権者に分けられそうな資産がないことが申立書から明らかであり、また免責に関してもそれほど問題がなさそうであれば、破産管財人を選任せず、裁判官が免責の判断までする手続が取られることもある。これを同時廃止という。個人の自己破産の大多数はこの同時廃止事件だ。この場合は裁判所にあらかじめ納める20万円も不要なので、本人の負担も軽い。また、申立から免責決定まで、管財事件の場合は半年〜1年程度かかるのに対し、同時廃止事件は2〜3ヶ月程度と比較的短いのもメリットである。

(2) 任意整理——「払う」任意的整理

　自己破産が破産法という法律に基づいて、債務の免責を得る手続であるのに対し、任意整理はあくまで弁護士がすべての債権者との間でガチンコの減額交渉を請け負う形の整理方法である。なんらかの法律に基づいてする整理ではないものの、前述の債務整理の大原則は守らなければならない。

　破産法に基づく自己破産ではない、という点はメリットだが、法に基づかない、債権者それぞれの「任意」に頼る方法であるため、一律の解決が難しかったり、減額に応じてもらえなかったりするなど、なかなかメリットを感じる結論になるには難しい側面がある。どの程度の整理が期待できるかというと、弁護士が介入したのちに発生する利息分（将来利息）についてはカットして返済額を確定し、分割払いとしてもらう程度である。分割回数も何回でも許されるわけではない。一般的な目安としては、およそ5年以内（60回払い）に完済で

きるプランでなければ、債権者も応じがたいようである。あまりにも回数が多いと、途中でまた支払いが停止するリスクがあるからである。これもあくまで目安であり、それまでの支払い状況や、初回に頭金としてまとまったお金を支払うことができるか等、債権者と合意できるかどうかについてはさまざまなパターンがある。弁護士が任意整理を引き受けた際のガイドラインの一つ[*4] では、和解案として提示すべき条件は、「遅延損害金をカットした上での分割払い提案とすること」とされており、弁護士が受任した際はまずこの路線で交渉することになる。債権者の数がまだ少なく、払うべき総額もそれほど多くない、多重債務の比較的初期の段階でなければなかなか取れない選択肢である。

(3) 個人再生——「払う」法的整理

　法律に基づき、債務の一部を払うことで残りの債務を免除する方法もある。民事再生法に基づく個人再生手続である。将来的に安定した収入が得られる見込みがある場合に限られるが、一定の条件を満たすと、その総債務額に応じて5分の1から10分の1（ただし最低100万円）程度まで圧縮される。その圧縮した債務を、原則として3年間（最大5年間）で分割返済する計画を立てるのである。同じ法的整理手続なら、全額免責を受けられる自己破産があるのに、なぜわざわざ「払う」法的整理を選ぶメリットがあるのか。

　一つは、持ち家を手元に残すことができる、という点だ。住宅ローンが残っている場合でも、住宅ローンはそのままの条件で払い続け、それ以外の債務を圧縮することが可能になる。これは、自己破産ではできないことだ。もう一つは、免責の審査がないので、多重債務になった原因に強度の免責不許可事由がある場合でも、債務を圧縮することができる。

　個人再生手続の大まかなところを説明したが、利用可能な条件や債務圧縮の程度、住宅ローンの取扱いについてはさらに細かい分類や条件がある。ここまで紹介してきた手続のなかでは最も複雑で難しい。もしこの手続を検討する相談者がいた場合は、弁護士に相談しよう。ただ、「安定した収入があれば、自

＊4　クレジット・サラ金処理の東京三弁護士会統一基準（改訂版）参照。

宅を残せる手続がある」ということだけでも知っておいてほしい。

3　受任から方針決定まで

さて、ここまで債務整理の種類についてそれぞれ簡単に説明した。しかし、いくら弁護士とはいえ、初回相談で1時間程度話をうかがっただけでは、どの手続を利用するかという方針を決めることはできない。正確な総債務額をきちんと調査し、債務が発生した背景や、現在の依頼者の生活、そこからどの程度債務超過に陥った原因から軌道修正ができるのかなど、丁寧な情報収集が必要になる。いずれの方法を取るにしても、弁護士が介入する目的は、依頼者の経済的更生である。多重債務に陥った原因を特定し、債務の支払いがなくなれば黒字収支になる見通しが立たない限り、債権者への提案も、破産や個人再生の申立をすることもできない。

弁護士が情報収集している期間中、相談者と債権者との関係はどうなるのか。カタがつくまで払い続けなければならないのか。専門職としては、それによって相談者の生活が左右されるため、気になるところである。図2をみてほしい。

① 相談
「毎月支払わなければならないものが多すぎて生活が苦しい」だけでもいい。方針はおいおい考えればいいので、一度弁護士に話を聞いてもらう。

② 契約
弁護士と委任契約を結ぶ。
どのように整理するかはこの時点でまだ明確に決まらなくてよい。

③ 債権者へ受任通知送付
弁護士が受任したこと・債権者と依頼者との取引履歴の開示依頼を通知する文書を送る。
⇒債権者からの請求が止まる

④ 調査・整理
依頼者の通帳：他に支払いがないかチェック
信用情報機関への照会：他に債権者がいないかチェック
取引履歴：法定利息で計算しなおす

⑤ 方針検討⇒決定
集まった情報から、債務の全体像、現在の収支状況その他の生活状況を分析し、どのような整理の方針を立てるのか、依頼者と相談して決める。

図2　相談から方針決定まで

①相談を受けたあと、②弁護士と契約を締結すると、基本的には直ちに③受任通知を弁護士から各債権者に送付する。そうすると、債権者は、その債権についての連絡は、依頼者本人ではなく弁護士を通さなければならなくなり、また請求もできなくなる。いったん債務の支払いを止めた状態で、収支のバランスを安定させ、経済的に更生する方法を検討するのである。債権者から取り寄せた取引に関する資料や、依頼者の通帳などから、④債務の全体像を調査し、整理する。受任時にもよくあることなのだが、「昔、どこかの業者から借りた記憶はあるが、手元に何も資料が残っていないのでどこから借りたかわからない」という場合にはどうすればよいか。実は、いわゆる「ブラックリスト」に近いもの、つまりその人がどの業者とどのような契約関係にあるかを記載した信用情報を、信用情報機関から取り寄せることができるのだ。信用情報機関は、「クレジット会社系（CIC）」「銀行系（一般社団法人全国銀行協会）」「サラ金系（日本信用情報機構［JICC］）」の３種類あるので、これらすべてに開示請求する。この三つを調査すれば、業者からの借り入れはほぼ網羅できる。個人間での貸し借りや、滞納家賃、水道光熱費など、この３種類から漏れる債務もあるので完全に調査できるわけではないことには注意が必要だ。ただ、「どこから借りたかわからない」という理由で債務整理ができなくなるわけではない。

　何においても、弁護士に依頼すると、特殊な事情がない限りは直ちに請求は止まる。これだけでも相談者のストレスは激減するだろう。もし相談者が多重債務に苦しみ、これを解決したいというニーズがあるなら、一刻も早く弁護士に相談することを勧める。

相談支援の処「法」箋：債務整理後の更生は専門職にかかっている

1　司法と福祉の協働で免責不許可事由を乗り越える

　Xさんは、Bさんの債務超過の様子を見て頭を抱えている。その理由は、①少なくない金額の他人の財産を使い切ってしまっていることと、②その背景にギャンブルや浪費（今回はネットゲームへの課金）への依存傾向が見られること

により、自己破産が認められない、つまり裁判所に免責が許可されるわけがないと思っているからである。たしかに、Ｂさんが多重債務になった原因には、Ｂさんのギャンブル等への依存傾向が深くかかわっている。これでは破産法が免責を許さない理由として挙げている「浪費」に該当してしまいそうだ。

しかし、本当にＢさんの責任で浪費してしまったのか。ギャンブル等に至った原因をもっと丁寧に分析すれば、今後の生活の手当てのやりようがあるのではないか。このあたりをきちんと説明できれば、免責を得ることができる可能性は十分にある。

債務整理を受任した弁護士もこの点を見据えて依頼者から話を聞き、方針検討をすることになる。できる限りの支援につないで、家計が赤字になった原因を取り除くことを考えるのだが、いかんせん福祉制度にそれほど詳しくないため、できることにも限りがある。そこで、もしこのような相談者を発見し、法律事務所へ相談同行した際は、**相談者が免責を得られるよう、生活改善についても引き続き連携してできることはないか、アンテナを張っていてほしい。**たとえば、以下のように、弁護士と連携することにより、よりよい債務整理とその後の経済的更生が実現できる。

2　自己破産できるのか　①Ｂさんの軽度知的障害

たしかに、Ｂさんのギャンブルが借金の原因なのだが、それはＢさんの性格がだらしなかったからではなく、それなりの事情がありそうだ。

そもそも、Ｂさんには軽度の知的障害があり、お金の計算が苦手だった、という事情がある。Ｂさんにどの程度家計を管理できる力があるのか、それはきちんと調べてみないとわからないが、なまけてネットゲームへ走っていったわけではない。また、本来なら、家計管理をしていた母親が亡くなった際に、Ａさんがきちんと家のお金のことに関心を持ち、管理を引き継ぐべきところ、流れに任せてＢさんが担わざるを得なかったという事情も考慮されるべきである。

こうした家庭内での役割分担を見直し、Ｂさんの能力に応じた生活を検討することで、同じ轍を踏むことは相当程度避けられそうだ。

ところが、弁護士は「軽度知的障害」と言われて「ああ、なるほどな」とは

思えても、そこからどのような支援が考えられるのかについてはなかなかイメージを持てない。まして、Ｂさんはどのようなことが得意で、何が苦手なのか、どの程度の計算ならできるのか、といった能力的なアセスメントを得ようとしたときに、どこへ連絡してどうすればいいのかわからない。しかし、免責を得るための手続には絶対に有益な情報である。そこで、福祉専門職側で心理検査ができそうな医療機関等を紹介、同行し、検査してもらうと弁護士は助かるはずである。

3　自己破産できるのか　②ギャンブル等への依存傾向への対応

　また、Ｂさんのネットゲーム好きは、そのために多重債務に陥るほどであるのだから、基本的には治療につないだほうがよい状態と言えるだろう。依存症にも対応している精神科病院への受診支援や、自助グループの紹介などの依存症支援が必要になる。

　さらに、Ｂさんの場合は、ネットゲームにハマるようになったきっかけとして、退職したＡさんとＢさんの二人で家にひきこもる生活になったという経緯があり、それも原因がありそうだ。働いているわけでもなく、過ごす場所は家のなかだけで、時間を持て余したＢさんがすることといえば、家でゲームをすることくらいしかなかったのである。Ｂさんに日中の活動場所があれば、ゲームへの依存傾向は軽減するかもしれない。療育手帳の発行を受けているので、Ｂさんの希望に沿って、障害福祉サービスまたは障害者雇用枠での就労を目指した支援ができれば、ゲーム依存症の治療と相まって、ゲーム三昧の日々から抜け出せるかもしれない。

　ここでもまた、弁護士は、どのような障害福祉サービスがあり、どのように本人に選択してもらい、支援計画を立てるのかといったことにはそれほど慣れていない。ここでも、福祉専門職が弁護士の債務整理の進捗や課題を見据えた支援計画を立てることで、福祉と法の両面から本人の経済的更生に効果的な方針を立てることができるだろう。弁護士が免責許可決定に向けた申立をする際、専門職の支援計画が、裁判所への非常に強力な説得材料となるだろう。

4　債務整理をあきらめない

　繰り返しになるが、「どうすることもできない債務」は存在しない。これだけしつこく述べるのは、多重債務のために自死してしまうケースもあるからだ。課題によっては弁護士にとっても解決困難な事情もあり得るので、債務を完全に整理するまでに大変な思いをすることはあるだろう。でも、がんばればなんとかなる債務がほとんどである。もし、専門職として支援をするなかで、**相談者の債務がネックになって生活がどうしても困窮する、という場合は、迷わずに弁護士に相談してほしい**。

　もし相談者が「自分で借りたものだから、返さなければならない」とか「ずるはしたくない」と言って整理することに消極的だとしても、1回だけ、相談につないでほしい。相談者は、冒頭で紹介したような債務整理に関する「誤解」のために、そう言っているだけかもしれないからだ。「専門外だから」と敬遠せず、積極的に連携してみてほしい。

ケース3

成年後見だけじゃない金銭管理

《事例》

　Aさん（男性・79歳）は、昔は大工の親方としてあちこちの建設現場を渡り歩いてきた。妻は昨年他界し、子どもはいなかったので今は独居である。自宅近くで交通事故にあい、足を骨折したうえに高次脳機能障害と診断されたことをきっかけに、ケアマネージャーBさんが入り、介護保険サービスの利用を検討することになった。

　BさんがAさんの家に行くと、家の中はごみが散乱しており、日本酒の空き瓶も目立った。Aさんはもともと酒量が多かったようで、交通事故も酔って家の近くを歩いていたときに巻き込まれたとのことだった。Aさんは年金生活で、お金が入るとすぐに酒量が増え、年金支給日の10日ほど前になると生活費が底をつき、水だけで生活するような状態だった。ひどいときはBさんが家を訪ねると、Aさんが空腹と脱水で家の中でぐったりしていた。救急車を呼ぼうとしたがかたくなに拒むので、仕方なくフードバンクを利用してなんとかその月をしのいだこともあった。

　そんなAさんの生活を見かねたBさんは、年金支給日にAさんのお金をいったん預かり、毎週1週間分の生活費をAさんに手渡す方法で金銭管理を始めた。毎週来るのがつらくなったBさんは、Aさんに入っているヘルパーにもお願いし、交互に1週間分のお金を渡すようにした。

　Aさんはその後、週末になると「お金が足りない」とこぼすことはたびたびあったものの、前のように10日間も水だけで暮らすようなことはなくなった。Aさん自身、年金しか収入がなく、蓄えもそれほどないので、成年後見人などを選ぶとかえってお金がかかりそうなので、Bさんは、このままヘルパーと一緒にAさんのお金を管理しようかと考えている。

ポイント：他人のお金を管理するリスク

・利用者に代わって金銭を管理する専門職が時々見られるが、他人の金銭を
管理することは、法律上大きなリスクを背負う
・しかし、成年後見制度の利用が適切ではない人も多くいる。ここでは成年
後見制度だけではない、「他人の金銭管理」ができる制度やルールを紹介
する

　ケアマネージャーとして初めて介護支援に入ると、利用者がお金を一人できちんと管理できているかどうか心配な状態になっているケースに出会うことがあるだろう。日々の買い物がまだ自力でできているし、それほど資産家というわけでもなさそうなごく普通の高齢者に見えると、ちょっと手伝うだけでお一人で生活できるのではないかと思ってしまう。

　成年後見制度という名称は聞いたことがあるけれど、弁護士や司法書士が出てきたり、家庭裁判所が出てきたりしてなんとなく大げさに思われる。そこまでするほどではないしなぁ、とつらつら考えると、身近な支援者で工夫をして、飢えてしまうことが防げればそれでいいような気がする。

　俺の物は俺の物。お前の物も俺の物。

　……などというのは、某猫型ロボットの漫画に出てくるやんちゃ者の理屈だが、通常そうはならない。

　「お前の物は、お前の物」である。

　「自分の物を自分で使用し、自分で利益を得て、自分で処分できる権利」を財産権や所有権という。これは、生きている限り誰にでも保障される権利である。たとえ、認知症や知的障害などで判断能力が低下して、放っておくととんでもないお金の使い方をしそうになっても、持ち主の自由である。財産権は、日本国憲法でも保障された基本的人権の一つである。

　というわけで、持ち主の知らないところで他人がお金の管理をすると、それがたとえ親切心から出たものであったとしても、管理すること自体が原則とし

て違法である。

　しかし、これは「持ち主の知らないところで」やってしまった場合の話である。逆にお金の持ち主が了解したうえで他人が管理することは許される。他人に対して、自分のお金の管理を任せる契約を、委任契約という。本人の判断能力に問題がない状態であれば、委任契約を結べば、他人の財産を管理することは違法にはならない。ただし、契約を結んで他人の財産を管理する者には、民法上他人のものを預かっている人一般に求められる注意義務が課せられる。自分のものと同じように雑に扱ってはならないのだ。良かれと思って管理を始めると、なくしてしまった、お釣りが合わない、などといった「事故」が後日発生した場合、責任を問われるのは親切心で管理を始めた人である。他人のお金を管理する、ということは、それだけ危険を伴うことなのである。

　では、お金の管理が危なっかしい人を見つけた場合、どうすればよいのだろう。

法律解説：日常生活自立支援事業、成年後見制度、事務管理

	後見	保佐	補助
判断能力	常時欠けている状態の人	著しく不十分な人	不十分な人
申立人	本人／配偶者／4親等以内の親族／市町村長		
同意権取消権	日常生活に関する行為以外のすべての法律行為	民法13条1項に定められた行為と、家庭裁判所の審判によって定められた行為	民法13条1項に定められた行為のうち、家庭裁判所が審判で定めた行為（＊）
代理権	財産に関するすべての行為	家庭裁判所が定める特定の法律行為（＊）	同左（＊）

（＊）本人以外の者の請求による場合は、本人の同意が必要になる。

表1　法定後見制度の概要

	性質	裁判所の関与	管理する人
法定後見制度	後見制度	あり	裁判所が選んだ人
任意後見制度	後見／契約	あり	本人が契約した人（監督人は裁判所が選ぶ）
日常生活自立支援事業	契約	なし	支援員（社協職員）

表2　法定後見制度とそれ以外の金銭管理制度

1 人のお金を管理するためのいろいろな制度

「金銭管理」と聞くと、まっさきに思い浮かぶのが成年後見制度だろう。しかし、成年後見制度は、必ず家庭裁判所に申立をしなければならないし、その後もずっと家庭裁判所の監督を受けなければならない。

専門職は安心できるが、原則としてお金がかかる。そのうえ、本人にとっては会ったこともない人であり、いきなり全財産を預けることに抵抗を覚えるのは自然なことだろう。少し考えただけでとにかく面倒くさいうえにお金を自由に使えなくなりそうな気がしてくる。

たしかに、成年後見制度が最も監督がしっかりしていて、本人の財産を守ることができる制度であるが、「そこまでするほどではないけどなぁ」という場合でも使える制度がある。ここでは、成年後見制度だけではない、「他人の金銭管理」ができる制度やルールを紹介する。

2 日常生活自立支援事業

(1) どんな制度？

●どんな人が使えるの？
　認知症・知的障害・精神障害のために日常生活において困りごとがある人。
●どんなことをしてくれるの？
　福祉サービスを使うための相談に乗ってくれる。
　日々の小口のお金の管理を手伝ってくれる。
　配食サービスなど生活関連のサービスを探してきて調整してくれる。
●どこへ相談すればいいの？
　市町村社会福祉協議会の窓口

ちょっと判断能力がおぼつかなくなってきたな、一人でお金を管理するには不安かな、という程度の方については、成年後見のほか、日常生活自立支援事

業という制度をお勧めする。

　この制度は、毎日の生活に必要な小口のお金の管理をお手伝いし、ご本人が福祉サービスを利用することを助ける、社会福祉協議会（以下、社協）の事業である。利用者と社協とが「契約」をすることによって利用できる。つまり、本人がサービス内容を理解したうえで「利用します」と申込み、それに対して社協が「わかりました」と応じることで初めて利用可能となる。ということは、本人が自分の財布を手放さなかったり、認知症が進行して、ご自身が社協に何をお願いしているのかもわからないかもしれない……といった状況の場合は、この制度は利用できない。

(2) 具体的にできること

　では、実際に「お金の管理のお手伝い」として何をしてもらえるのだろうか。

　まず、管理できる金額は50万円程度の小口のものに限られる。何千万円もの残高が入っているような口座の通帳を預かることはできない。

　管理するために本人名義の銀行口座通帳を用意し、社協が利用者の代わりに入出金できるよう銀行に登録する。こうすることで、支援員が本人に代わって銀行口座に入出金できるようになる。

　お金の管理のほか、住民票の届出や、各種公的年金受領手続を行ったり、公共料金、保険料、税金、家賃などの支払いの手続を行ったりすることができる。そのために必要な重要書類（年金証書、通帳、賃貸借契約書等）を預かるサービスも行っている。

　ただし、あとで紹介する成年後見制度のように、福祉サービスや家の賃貸借等の契約を代わりに結ぶことや、消費者被害にあってしまったり、うっかり大きな買い物をしてしまったようなときに、その取引をあとから「やっぱヤメ！」と取消すことができるような権限はない。

(3) 契約を結ぶまでの期間・料金など

　日常生活自立支援事業を利用したほうがよいと思ったときは、まずは最寄りの市町村社協に相談する。初回相談から日常生活自立支援事業を利用する契約を結ぶまでの期間は、平均的に2〜6ヶ月程度といわれている。この間、支

援員が本人の生活の様子や金銭管理の必要性などについて詳しく聞き取りながら、本人の今の判断能力が契約できる程度かどうかを調査し、検討する。また、本人から聞き取ったニーズから、どのような福祉サービスを調整し、支援をコーディネートするか検討し、本人と一緒に支援計画を立てるのである。1回の面談ではこの作業は終わらないため、それなりの期間が必要になる。

　利用に向けて相談するだけなら無料だが、契約してサービスを利用する場合は費用がかかる。社協によって多少の前後はあるものの、訪問1回あたり1000円少々と実費（交通費）がかかることが多いようである。また、重要書類等を預かる場合には、別途料金が発生する。

3　成年後見制度

（1）どんな制度？

- ●どんな人が使えるの？
  認知症や加齢、知的障害、精神障害等のため、自分一人で内容を十分に理解して契約をすることに不安がある人。
- ●どんなことをしてくれるの？
  全財産の管理／本人の代わりに契約を結ぶ／本人が結んでしまった契約の取消し（後見・保佐）など
- ●どこへ相談すればいいの？
  成年後見支援センター／権利擁護支援センター／地域包括支援センター／法テラス（日本司法支援センター）など

　認知症や加齢、交通事故による脳への外傷、知的障害、精神障害など、さまざまな事情で契約の内容を十分に理解することが難しくなった人が、他人に口座の入出金などの財産の管理をしてもらったり、必要な契約を結んでもらったり、うっかり変な取引をして損害を被らないよう見守ってもらったりするための制度が成年後見制度である。また、日常生活自立支援事業のようにその人の財産の一部だけを管理するのではなく、本人の全財産をまるごとお任せするこ

とになる。どうしても、管理する金額が大きくなってしまうので、魔がさして横領などのよからぬ行為に及ばないよう、必ず家庭裁判所が監督する。

成年後見制度には、判断能力の状態に応じて成年後見人、保佐人、補助人（以下、この三つをまとめて「後見人等」という）の3段階の種類の財産管理者が用意されている。種類に応じて、後見人等に選ばれた第三者ができることも異なる。判断能力の障害の程度が重いほうから順に、①判断能力が常に欠けている状態（成年後見）→②判断能力が著しく不十分な状態（保佐）→③判断能力が不十分な状態（補助）となる。後見人等が選ばれると、その種類に応じて、家を借りたり借金をしたりするような大きな契約をする場合には後見人等の同意が必要になったり（同意権）、本人が後見人等の同意を得ないでうっかり大きな契約をしてしまった場合に後から取消せるようになったり（取消権）、本人の代わりに後見人等が契約をすることができるようになったり（代理権）する。種類ごとにできることについては、表1を参照してほしい。

（2）どこへ相談に行けばいいか

判断能力に不安を感じる人に出会い、「この人には成年後見制度が必要なのでは？」と思ったとき、誰でも家庭裁判所に申立をすることができるわけではない。申立をすることができるのは、本人と、配偶者と、4親等以内の親族等である。どうしても申立をしてくれそうな親族が見つからない場合は、住んでいる市町村長が申立をすることもできる。

「誰が申立をするべきか」という点は、成年後見制度を利用する際、多くのケースで最初にぶつかる壁なので、一人で解決できる問題ではない場合が多い。専門職としてはとりあえず、最寄りの成年後見支援センターや権利擁護支援センター、地域包括支援センター、法テラスにつなぎ、相談に行くとよい。

（3）どのような人が後見人等になるのか

やっと申立までこぎつけたら、次は「どのような人が後見人等に選ばれるのか」が気になるところである。

誰を選ぶかを最終的に決めるのは家庭裁判所である。ただ、申立人として誰が適任か、意見することはできる。申立のひな型には、後見人候補者の名前を

書く欄がある。ご親族や知人などで気心の知れた人がいて、「この人になら任せられる！」と思う人の名前を書くとよい。

　ただし、状況次第で候補者欄に書いた人が選ばれないこともあるので、注意が必要だ。たとえば、親族間での争いが激しいとき、本人よりも高齢の人を候補者に挙げたときなどである。令和2（2020）年度「成年後見制度の現状」（厚生労働省）によると、令和2（2020）年度の成年後見等申立のうち、本人の親族が選ばれた割合が19.7％、それ以外の第三者が選ばれた割合が80.3％である。この第三者のうち、弁護士や司法書士などの法律専門家が選ばれる割合が64.1％であり、3分の2を占める。また、持っている財産の金額が多い場合、親族後見人と同時に専門職が監督人に選任されたり、親族が選ばれるものの、日常的に使う分だけ後見人の手元に残して、あとは信託銀行等に預けるように家庭裁判所に言われることもある（後見制度支援信託制度）。

（4）費用

　成年後見制度を利用するときに最も気になるのが、後見人等に払う費用だろう。後見人等に支払われる報酬額も、家庭裁判所が決定することになる。原則として、後見人等が家庭裁判所へ毎年1回の年次報告と一緒に報酬決定の申立をすると、家庭裁判所がその年の報告の内容を見ながら報酬を決定する。報酬額は、基本的には本人が保有している財産の総額に応じて決められてきた。しかし、それでは行った仕事の内容が報酬額に反映されづらいことから、2021（令和3）12月時点でその決定方法の見直し作業が進められている。

　こうした事情はあるものの、本人が持っている財産以上の報酬額を決定するわけにはいかないため、家庭裁判所も、報酬のために本人の財産がなくなってしまうような決め方はしない。財産がない場合は、報酬額ゼロの決定がされることになる。しかしそれでは後見人等が仕事にならないため、介護保険法（高齢者）、障害者総合支援法（障害者）に基づき、市町村がその報酬を助成する成年後見制度利用支援事業が用意されている。ただ、どのようなケースで助成が利用できるかは、各市町村が定める要綱によってまちまちなので、無報酬ケースだからと言って必ず助成されるというわけではないという点は注意が必要である（自治体ワンポイント②参照）。

（5）後見人等が選ばれるまでの期間

本人のお金の管理が心配で、専門職がつい自分で管理してしまいたくなるような状況ということは、一刻も早く適切な管理につなげたい事態にあることが想像される。そうすると、相談してから後見人等が選ばれて、安全なお金の管理が始まるまでどれくらいの期間が必要なのか、気になるところである。

申立を自分でするのか、専門職に依頼するか、市町村長申立とするかによるが、まず家庭裁判所に申立をするまでには、どれだけ早くてもおよそ1ヶ月少々はかかるだろう。さらに申立をしてから実際に選任されるまでの期間は、地域にもよるが3〜6ヶ月程度である[*1]。どれだけ少なく見積もっても、相談から後見人等が選ばれるまでに半年以上はかかることになる。

遅い。

遅すぎる。

これだけ遅いから、支援者はつい親切心で、自分でお金の管理をしてしまいたくなってしまう。その気持ちはよくわかる。

ただ、あまり知られていないが、実は申立ててから財産を管理してくれる人を決定するまでの期間をショートカットする制度もある。親族などから搾取されていたり、本人の浪費傾向が強かったり、とにかく早く財産管理者をつけなければならない事情がはっきりしている場合には、家庭裁判所に「とりあえず」の財産管理者を選んでもらい、正式に後見人等が就くまでの間の管理をお任せする方法（法律用語で「審判前の保全処分」という）である。これが上手くいけば、申立から1ヶ月しないうちにとりあえずの財産管理を始めることができる。きちんと審理する前に選任し、本人の財産権を制限することになるので、認められるためのハードルはちょっと高い。審判前の保全処分を利用しようとする場合は、念のために一度弁護士にも相談してみるとよいだろう。

[*1] 本人の判断能力の有無・程度につき、裁判所が選んだ精神科医によって判断される鑑定の手続がとられることがある。そうすると、6ヶ月程度かかることがある。

4 任意後見制度

●どんな人が使えるの？
　判断能力に問題がなく、将来自分の判断能力が低下した際に自分のお金の管理を任せる人をあらかじめ決めておきたい人。
●どんなことをしてくれるの？
　全財産の管理／本人の代わりに契約を結ぶ等、内容は契約で自由に決められる。
●どこへ相談すればいいの？
　成年後見支援センター／権利擁護支援センター／地域包括支援センター／法テラス（日本司法支援センター）など

「3」で解説した成年後見制度の場合、本人と気心の知れた人を候補者として推薦したとしても、最終的には家庭裁判所の判断にゆだねられることになってしまうため、本人の全然知らない人（弁護士、司法書士、社会福祉士などの専門職等）が後見人等になることがよくある。

　我が身に置きかえて少し想像してみてほしい。いくら専門職とはいえ、会ったこともない人に全財産が入った財布を預けるのは、ちょっと嫌かもしれない。心身ともに元気なうちに、自分にもしものことがあった場合にお金の管理や生活支援のキーとなってくれる人を指名できるなら、それに越したことはないだろう。そこで検討するのが、任意後見制度である。

　任意後見制度とは、心身ともに健康なうちに、将来もしものことがあったときのお金の管理などを、本人と財産管理をしてくれる人との間で結ぶ契約に基づきお願いする制度だ。契約相手が必ず財産を管理してくれる。どのような代理権をお願いするのか等のお金の管理の細かい方法も、契約なのでお互いの自由に決められる。もちろん、報酬が必要であればその額も自由に決められる。ただ、個人の財産権を制限する重要な契約なので、ただ紙切れに合意内容を書いて、本人と財産管理予定者の二人でハンコを押すだけではダメだ。きちんと「公証役場」という機関へ行き、「公証人」という国家公務員に内容を確かめて

もらい、「公正証書」という特殊な法的文書として残す必要がある。

　成年後見制度と違うのは、同意権・取消権は認められないことと、いざ任意後見契約を運用開始する際は、家庭裁判所から後見監督人が選任され、お金の管理を監督されることになる点である。

　お金の管理をしてくれる人を自分で選ぶことができる点は大きなメリットである。ただ、そこへ至るために公正証書として契約書を作成する必要があったり、任意後見が開始されると後見監督人が選任されたりするなど、手続が複雑であったりコストがかかったりするため、なかなか普及が進んでいないのが現状である。

5　事務管理──日常生活自立支援事業も成年後見制度も待っていられない場合

　ここまで「他人のお金を適法に管理できる制度」をいろいろと紹介してきたが、おそらく「どっちにしても時間がかかるな」「ややこしそうだな」と思われた人も多いのではないか。判断能力の低下があるとはいえ、他人が財産を管理するということは、本人の完全な自由意思でお金を使うことができなくなるということである。そのために、慎重な審査が求められるのはどうしようもないことであろう。

　しかし、そうは言っても、発見から財産管理が始まるまでの半年もの間、放っておいたらこの人の生活はどうなるのか、と心配になる場面はどうしても発生する。そういうときでも、まったく手出しはできないのだろうか。これは、私が公務員になってから現在に至るまでの間、継続的に地域福祉の課題として寄せられ続けている相談である。

　金銭管理の制度につながるまでのタイムラグを埋める考え方として、「事務管理」という言葉を聞いたことがあるかもしれない[*2]。いろいろと手を尽くしても本人のお金の流出が止められず、適法な財産管理をすることもすぐには難しいような場合に、緊急的に対処することである。具体的には、①自分にはその仕事をする義務がないけれど、②本人のために、③本人の意思または利益に沿う形で、④金銭管理の仕事を始めることをいう[*3]。この条件が全部揃うと、

少なくとも「他人が財産を管理していることそのものが違法だ」とは言われなくなる、民法上の考え方だ。

　この条件のうち、「③本人の意思または利益に沿う形」が具体的にどのような状態を指すのかがよくわからないかもしれない。

　本人が、自分の財布を持っていかれることをはっきりと嫌がっているような場合は、本人の意思に反するため財産管理はできない。仮に本人が同意していても、お金がなくなっても誰の責任かよくわからない状態のまま財産管理を続けることは決してよいことではないので、本人の利益に沿うとは言えない。それがたとえ、支援者の善意と熱意から行われているものであったとしても、である。そうすると、最低限、法的に安定する財産管理（日常生活自立支援事業の契約や、成年後見人等選任審判申立など）につなげる段取りは確実に実行したうえで、それでもどうしても発生するタイムラグを埋めるための金銭管理であれば、少なくとも本人の利益に沿っている、と言える。要するに、「この人のお金の管理、大丈夫かな」と思った時点でまず専門機関へつなげる、ということである。

　ここまでの条件が整えば、少なくとも金銭管理をしていること自体を違法であると言われる危険はなくなるだろう。ただ、その代わりに、管理している者には、民法に基づき、それなりの責任が発生する[4]。本人の意思がある程度わかる場合は、その意思に沿って管理しなければならない。途中で本人が「管理されるのは嫌だ」という姿勢を明らかにしたときは、速やかに管理を中止して本人に管理の状況を報告しなければならない。また、あなたが金銭管理を始め

ケース3　成年後見だけじゃない金銭管理

＊2　正式な金銭管理制度につなぐまでの間、事務管理の考え方を活用して行わなければならない緊急一時的な金銭管理の手続の流れを整理した要綱として、「明石市緊急一時金銭管理の実施に関する要綱」がある。緊急かつ一時的に金銭管理が必要な住民を発見したときは、市または市社協が状況把握の調査を行う。その結果、判断能力が後見相当と見込まれる場合は事務管理による金銭管理を、市（または委託を受けた市社協）が行う。判断能力がある（保佐・補助相当）場合は、市社協が、後見基金事業として、本人と市社協との間で財産管理契約を締結し、保佐人・補助人につなぐまでの間の金銭管理を行う。
参考：香山芳範（2020）『成年後見制度の社会化に向けたソーシャルワーク実践』「第2章緊急時の金銭管理における支援のあり方―成年後見制度化日常生活自立支援事業か―」法律文化社。
＊3　民法697条1項
＊4　民法697条2項、699条〜702条

たことは、きちんと本人に説明しなければならない。そして一度金銭管理を始めた以上、途中で投げだすことは許されず、正式な財産管理者が決まって引き継ぐまでは、本人が拒絶しない限りは管理を続けなければならない。

　こうした細かい決まりごとは、すべて民法で決められている。面倒に思うかもしれないが、本人の持っている財産を、本人がコントロールできるようにするために設けられている。近時、福祉的支援の場面で「意思決定支援」という手法が広がっている。判断能力が低下した人であっても、本人がどのようなことを考えているか、支援チームで常に探りながら支援をするという手法だ。民法は、これと同じことを求めているに過ぎない。

相談支援の処「法」箋：本人に判断能力が認められる場合の支援

1　Aさんの財産管理の見通し

　冒頭の《事例》のAさんは、もともと自暴自棄になって酒量が増えていたことに加えて高次脳機能障害の影響もあってか、2ヶ月に1回振り込まれる年金を計画的に使うことが難しい。しかも、脱水と空腹で明らかに緊急性の高い状況にあるのに、救急車を呼ぶことをかたくなに拒んでおり、少々頑固な方のようだ。とはいえ、年金支給月に餓死や脱水寸前になって救急車を呼ばなければならない状況なので、一刻も早く財産の管理を安全に開始する必要がある。

　Aさんは、日常の買い物はできているようなので、後見人をつけるほど判断能力が低下しているわけではなさそうだ。ただ、後見相当まで至らないとはいえ、お金の管理に見守りがあったほうがよいような気がする。Aさんのそうした状況に気づけたケアマネージャーのBさんは、ぜひとも最寄りの成年後見支援センターや権利擁護支援センター、地域包括支援センターなどに相談してほしい。いきなり「お金を預からせて」と言うと、本人に拒否されてしまうことも多いが、そのような場合にどうすればよいかも含めて一緒に考えてくれる。

　では、Aさんの場合、どのような制度を利用すべきだろうか。

　契約できるだけの判断能力はありそうなので、日常生活自立支援事業で小口

の現金を管理してもらうことも、保佐人や補助人を家庭裁判所に選任してもらうことも考えられる。費用面を考えると、訪問1回につき1000円程度の日常生活自立支援事業がよさそうだ。

　一方で、Aさんが持っている財産が思いのほか多く、実は判断能力の低下によって自分で口座から下ろせなくなって10日間水だけで生活していた、というような場合、小口現金しか管理できない日常生活自立支援事業は、あまり向かない。このほか、金額の大きな買い物を頻繁にしてしまって、あとで取消さないとお金が回らなくなるとか、本人が金銭管理契約を結ぶために主体的に動くことが難しいなど、いろいろ事情を掘り下げると成年後見制度を利用するほうがよい場合もあるだろう。

2　誰が後見等申立をするべきか

　では、成年後見制度を利用したほうがよい、となったとき、誰が申立人になるとよいか。これは、一概に言えるものではなく、ケースごとの事情に応じて柔軟に決めるしかない。

　まず、大前提として、申立をしてくれそうな親族がいる場合は、その親族にお願いして申立の代理人をしてくれる法律家につなぐなど、申立の支援をすることになる。

　問題は、本人に身寄りがない場合だ。

　本人の判断能力が後見相当である場合で、申立人になってくれそうな親族がすぐには見つからないときは、市町村長による申立を行うことがよいだろう。本人には申立をする判断能力がない、ということになるので、法律職に依頼すること自体が法的に困難になってしまい、申立ができる人がいなくなるからだ。

　今回のケースのように、保佐（あるいは補助）くらいの判断能力である場合は、本人でも申立をすることが理屈上はできることになる。本人でも申立ができるとは、本人が自分で法律職のところへ行って、申立を依頼することができる、ということである。他方、後見相当の住民について申立をするだけで精一杯になりがちな自治体としては、自分で申立ができる保佐くらいの判断能力の場合なら、「自分でやってほしいな」という気持ちになる。しかし、今回のケース

のＡさんでいうと、性格的に支援者が介入することに消極的な様子がうかがえる。そうすると、救急車を呼ぶのも嫌がるくらいのＡさんの気持ちを「誰かが保佐申立するなら勝手にすればよい」程度の消極的同意まで持っていくことはできても、Ａさん自ら法律家のところへ行って保佐申立をするまでの気持ちになってもらうことは非常に難しいだろう。

　このように、本人に判断能力が部分的にでも認められる場合は、①本人の財産を守る緊急性、②自治体のキャパシティ、③本人の金銭管理に対する態度などの事情によって、自治体と本人、どちらが申立をするのが最も迅速に本人の財産が守れそうかについて、ケースごとにチームで考える必要がある。

3　至急の案件には「審判前の保全処分」

　もしこの事案が、年金支給月のことであれば、次の支給日に受け取る年金からきちんと管理しなければ、Ａさんはまたあっという間にお酒にお金を使い果たし、同じことを繰り返してしまうだろう。何度も困窮して、脱水まで起こしているＡさんの状況を考えると、安定した財産管理まで全力で急いだほうがよい。そこで、「法律解説」でも紹介した、「審判前の保全処分」（家庭裁判所に「とりあえず」の財産管理者を選んでもらい、正式に後見人等が就くまでの間の管理をお任せすること）ができる可能性がある。そのケースをアセスメントした結果、自治体が申立てることになった場合は、自治体が審判前の保全処分を申立をする必要がある。相談を受けた成年後見支援センターや権利擁護支援センター、自治体等にとって、通常の申立と異なる審判前の保全処分を選択肢に入れることは、ハードルが高いかもしれない。そうしたときのために、日頃から地域の弁護士と密な関係性をつくっておくことが重要である。

4　最後の最後の事務管理

　しかるべき相談機関へつなぎ、適切な財産管理を受けるめどが立ったうえで、それでもなおＡさんの現在のお金の管理が不安な場合、事務管理として、Ａさんを支援している専門職が事実上お金を管理するのがやむを得ないこともある。

その場合も、「Ａさんが支援者にお金を管理されていることがわかっていて、明らかに拒否はしていないこと」が絶対条件だ。「どうも拒否されそうだから、気づかれないようにこっそりやろう」というお金の管理は、それだけであとから違法だと言われてしまいかねない。そのようなことをすれば、ケアマネージャーのＢさんは、法人の就業規則次第では、利用者の金銭に許可なく手をつけた、ということで、何がしかの処分を受けることもあり得る。もしＢさんがケアマネージャーではなく、民生委員としてかかわっていた場合、都道府県や市町村の担当者から指導を受けたり、場合によっては解嘱されたりするおそれもあるので、注意しなければならない。

ケース3

成年後見だけじゃない金銭管理

自治体ワンポイント② 成年後見制度利用促進に向けた自治体の責務

成年後見制度利用促進法（2016年）

　近頃、認知症高齢者の増加を受け、地域における成年後見制度利用ニーズに適切に応える要請が社会に対して強まっている。このため、2016年に「成年後見制度の利用の促進に関する法律」（以下、成年後見制度利用促進法）が制定され、後見人等の担い手育成や後見に関する相談体制の整備等につき、一次的に市町村がその役割を担うこととされた。そして、成年後見制度利用促進における地域連携ネットワークのコーディネートを担う機関として設立が推奨されているのが「中核機関」である。自治体はひとまず、この「中核機関」として、成年後見支援センター、権利擁護支援センターといった名称の機関を設立することが求められている。詳細は、「地域における成年後見制度利用促進に向けた体制整備のための手引き（成年後見制度利用促進体制整備委員会、2018年3月）」を参照してほしい。

　こうした動きは、成年後見制度利用促進法の制定を皮切りに、国の施策として強く求められてきたものであり、普段成年後見制度と接することが少なかった人にとっては、今一つニーズや施策の方針のイメージを持ちづらいかもしれない。

　しかし一方で、自治体として住民の生活支援をしていると、ケース3の《事例》のような場面に頻繁に接するはずである。高齢化が進めば進むほど、そして障害のある人が地域で生活しようとすればするほど、生活の基本となるお金の管理が適切であることを保障する、という住民の権利擁護が重要となる。そして、地域の権利擁護は個別の支援の現場ががんばるだけではどうにもならない。判断能力に障害があっても、自分のお金が適切に管理され、確保されるようなシステムを構築できるのは、自治体をおいてほかにはない。

　このような成年後見制度が利用しやすいまちづくりをするために、自治体は具体的には、①身寄りがなく適切な申立人がすぐに見つからない本人のため、老人福祉法や知的障害者福祉法、精神保健福祉法等に基づく首長申立の積極的

実施、②本人が低所得者である場合に、後見人等への報酬を助成する成年後見制度利用支援事業の充実が求められる。

首長申立の積極的実施

　成年後見制度の利用を必要とする高齢者や障害のある人のうち、身寄りがない、申立をすべき親族から虐待を受けている等の事情により、成年後見等の申立ができる親族がいない場合には、法律により、本人が住んでいる自治体の首長が申立できる（首長申立制度）。この首長申立制度が積極的に利用され、後見制度が必要な人に迅速に申立がなされる状況が確立されればよいが、実際にはなかなかそうはなっていない。申立に動き始めたとしても、その申立準備に非常に時間がかかってしまい、タイムラグの間に本人の財産が目減りしてしまうということも頻繁に発生する。

　その原因の一つは、首長申立に割く自治体の人員が質的にも量的にも不足していることのように思われる。地域のケアマネージャーや地域包括支援センターの職員が、地域で金銭管理に不安を感じる住民を発見した際、適切な金銭管理につなぐことができるかどうかは、この首長申立がどれだけ円滑に実施されるかにかかっている。さらに、緊急案件が多いことを考えると、「法律解説」で紹介した審判前の保全処分も、ためらいなく申立ができる程度の専門性が求められる。ここが目詰まりすると、地域の専門職は「相談しても時間ばかりかかる」とあきらめてしまい、「自分たちで管理したほうが早い」と考えて、事実上の違法な金銭管理を始めてしまうのである。

　仮に必要な首長申立が遅れてしまったことにより、本人の財産に回復できない損害が生じた場合には、自治体も国家賠償責任を負う可能性がある（大津地裁判決平成30年11月27日判時2434号3頁）。

成年後見人等への報酬助成（成年後見制度利用支援事業の充実）

　これは、介護保険法や障害者総合支援法に基づく事業として各基礎自治体で実施されている事業である。ところが、主に予算確保が困難であるために、報酬を助成する対象を首長申立をした者に限定している自治体もまだ多い。前述のように、首長申立を「後見開始審判申立」のケースに限定している自治体で

あれば、実質的に「首長申立をした後見類型ケース」にしか報酬が助成されない、ということになる。

　しかし、収入は年金のみ、あるいは年金すら未納期間が長くて支給されず、生活保護に頼るしかない方も多い。保佐や補助類型だからといって保佐人・補助人としての仕事が後見人よりも軽くなるわけでもない。むしろ後見以上に本人と丁寧なコミュニケーションを取り、本人の意思に沿った保佐業務・補助業務をしなければならない点で、後見類型よりも専門性が高い場合もある。

　そうしたとき、報酬助成の対象ケースを限定すると、無報酬のリスクは後見人等に選ばれる専門職が負うことになる。成年後見制度が始まって20年近くが経過し、制度利用へのニーズも年々高まるなか、無報酬をよしとしていては、早晩専門職も引き受けることができなくなってしまう。本人と信頼関係を築き、財産管理に加えて本人が地域で自分らしく安心して生活できるようにするために、後見人等に求められる役割は決して軽いものではないので、無償でできる仕事ではない。

　そこで自治体は、本人が低所得であるすべての場合に報酬助成ができるよう、①後見に限定せずすべての類型で首長申立をする、②報酬助成の対象を首長申立に限定しない、という方向で制度を改正し、予算を確保する必要がある。そうすることで、貴重な社会資源である地域の専門職が枯渇することを防ぎ、持続可能な権利擁護システムを維持することにつながる。

ケース4

障害のある人もない人も、老いも若きもともに暮らす地域

《事例》

　8月の暑い日。数年前、大腸がんの手術の際に人工肛門（ストーマ）を装着したAさんは、どうしてもプールで泳ぎたかった。人工肛門とは、腸の一部をお腹の壁を通して外まで出し、肛門に代わって便の出口とするものである。便の出口には、ビニール製のパウチを装着し、そこに排泄物がたまる。身体障害者手帳を持っているので、市営プールは半額だった気がする。これはちょうどいいので、Aさんは市営プールまで出かけることにした。

　Aさんは、プールの受付で障害者手帳を見せ、割引を受けようとした。「ぼうこうまたは直腸機能障害」と書いてあるのを見た受付の職員に「どのような障害ですか」と聞かれた。Aさんが人工肛門をつけていることを説明すると、職員は「ちょっとお待ちいただけますか」と言って奥へ下がってしまった。戻ってくると、「人工肛門をつけている方がプールで泳がれると、衛生面の不安があります。ご利用はご遠慮いただけますか」と言った。

　人工肛門の何が心配なのか。直前に洗浄し、清潔にしたうえでプールを利用するし、厚生労働省も公衆浴場等の入浴についてはまったく問題がないというガイドラインを出している。Aさんはこのような説明をしたが、職員は「もし万一プールが汚れてしまった場合、中の水はすべて抜かなければなりません。清掃に3日はかかりますし、その費用は100万円です」と言う。Aさんは、釈然としなかったので地域の相談窓口でBさんにこの件を「障害者差別じゃないのか」と相談した。

　Bさんは、正直なところよくわからなかった。もしプールを汚したら、清掃に大掛かりな費用と手間がかかるのはその通りなのだろう。でも、Aさんのあまりの剣幕に何も言えなかった。これは仕方ないのではないだろうか。

ポイント：「合理的配慮」の哲学を理解し、ケースワークをより豊かに

- 「障害を理由とする差別の解消」は法律によって定められた義務
- 「差別」や「合理的配慮」について理解を深めない限り、相談者の生活をよりよくすることはできない
- 「合理的配慮」の哲学がわかれば、さまざまな困りごとにも対応でき、ケースワークが豊かになる

　最初に、Bさんの悩みに答えよう。ずばり、今回の《事例》は「障害を理由とする差別」の相談だ。

　「障害者差別の相談を受けたことはありますか」と障害福祉課や基幹相談支援センター、自立相談支援機関の職員に聞くと、だいたい「受けたことはありません」という答えが返ってくる。そんな難しそうな相談を聞いてさらに関係者の利害の調整に動くなど、どうしてよいかわからない、と言われる。しかし、障害者差別の相談とは、「車いすの人に向かって「入店お断り」と宣言する」といった、もめごと感満載のものから、《事例》のような社会生活を送るなかで障害を理由として受ける不便なこと全般が守備範囲になる。

　障害のある人は、どのような障害であれ、社会参加する際には大なり小なり社会から受け入れを拒まれた経験がある。あまりにも社会から拒否されることに慣れすぎて、「どうしたら不快な思いを避けられるか」ということが先に立った考え方をしてしまう場面も少なくない。このように、障害のある人が障害のない人とともに参加することを妨げるいろいろな「壁」を「社会的障壁」と言う*1。私たちも、つい思っていないだろうか。「障害や病気があるから、仕方がないよね」と。

　でも、障害や病気は、本人のせいで負ったものではない。障害さえなければ、

---

*1　障害者差別解消法2条2号「障害がある者にとって日常生活又は社会生活を営む上で障壁となるような社会における事物、制度、慣行、観念その他一切のものをいう」

病気さえなければ、プールで自由に泳いだところで何一つ問題はない。果たして、Aさんをプールから遠ざけているのは人工肛門という障害なのか。周囲の工夫で一緒にプールで泳げるようにならないものか。ここで本人をあきらめさせないのが、障害者差別に対する支援である。障害のある人もない人も、同じ地域住民として同じ経験をするための支援だ。

　ソーシャルワークの国際定義によれば、ソーシャルワークとは、個人と環境とが相互に影響し合う接点に介入し、人々やさまざまな構造に働きかけて、人々の福祉を実現することを言う。障害のある人の社会参加を求め、合理的配慮の提供に向けた調整をするという相談支援は、まさにこの「個人と環境とが相互に影響し合う接点に介入」すること、すなわちソーシャルワークそのものといえるだろう。「そんな複雑なことは私の機関には無理です」と言っている場合ではない。

　ただ、基準も何もなく丸腰でこのテーマに臨むには、あまりにも抽象的だ。そこで、このソーシャルワークの営みを法律の形で示しているのが、障害を理由とする差別の解消の推進に関する法律（以下、障害者差別解消法）だ。障害を理由とする差別について定められたさまざまなルールを知ることで、相談支援により深みが増し、さらには高齢者を支援する際にも大きな影響を与えることになるだろう。

法律解説：障害者権利条約、障害者差別解消法、そして各地の条例

1　障害者権利条約——障害者の人権の根っこ

　2013年6月、障害者差別解消法が成立した。この法律は、世界中のさまざまな種類の障害のある人が、「障害のある者とない者との平等」を求めて議論し、成立した障害者権利条約という国際条約に準拠してできている。

　国際条約なんて、私たちが住む地域からは遠い話のように思われるだろう。ただ、こうして世界中の障害当事者の声を集めて成立した障害者権利条約、そしてそのルールを日本で守るために成立した法律が障害者差別解消法なので、

どうにも無視するわけにはいかない。また、障害者差別解消法も、細かい定義や基準、義務の内容まで詳しく決めている法律ではなく、1回読んだだけでは何が差別にあたるのか、正直よくわからない。

　そこで、「結局、差別ってどういう行為のことを指すの？」「合理的配慮ってどういうこと？」と思ったときには、条約の内容までひもといて参考にする必要がある。そういう意味で、国際条約とは言えど、私たちにとって身近な条約である。

2　障害者差別解消法──五つのポイントで差別を解消する

(1)「差別」とは？

　「障害を理由とする差別」とはどのような行動を言うのだろうか。この法律ができたときや施行されたとき、ニュースや新聞で「合理的配慮」という単語を聞いたことがあるかもしれない。少し関心のある人であれば、「障害を理由とする差別と言えば、合理的配慮の不提供」というイメージがあるだろう。聴覚障害者が災害時の記者会見に手話通訳と字幕を求めるとき、知的障害者がパンフレットの表現をわかりやすいものにするよう求めるとき、視覚障害者が駅のホームにホームドアを設置するよう求めるとき、その根拠として「合理的配慮」という単語が出てくる。

　とはいえ、障害者差別と合理的配慮の不提供は、実は完全にイコールの関係にはない。「なんとなく」の知識で差別の問題に対応すると、かえって障害のある人にとって状況が悪化してしまうこともある。そこで、法律に基づく「障害を理由とする差別」について、基本から押さえておく必要がある。

　障害者差別解消法によると、障害者差別には2種類の行為がある。①「不当な差別的取扱い」、そしてもう一つは②「合理的配慮の不提供」と呼ばれるものである。ここで大切なのは、**障害を理由とする差別の本質は「不当な差別的取扱い」と「合理的配慮の不提供」の2種類ある**、ということである。

　というわけで、これから一つずつ丁寧に見ていこう。

《ポイント1》
障害を理由とする差別には、①不当な差別的取扱いと、②合理的配慮を提供しないことという2種類の行為がある。

(2) 不当な差別的取扱い

　不当な差別的取扱いとは、私たちが一般的に「差別」と聞いてイメージする行為のことである。つまり、正当な理由がないのに、障害があることを理由に拒否したり、区別したり、排除したり、制限をつけたりするなど、障害のない人と異なる取扱いをすることである[*2]。

　車いすに乗っているから、バスの乗車をお断りする。

　耳が聞こえないから、居酒屋の入店をお断りする。

　知的障害があるから、遊園地でアトラクションに乗せるのをお断りする。

　精神障害がある人がアパートに入居するのをお断りする。

　障害のある子が学校に入学する際に、障害のない子に対してであればつけないような条件をつける。

　……挙げ始めたら限りなく出てくるが、このように、障害があることを理由に、障害のない人が相手であれば普通はしないような行動——サービス、各種機会の提供を拒否すること、時間や場所を障害のある人にだけ限定すること、障害のない人には課さないような条件を課すこと等——が、不当な差別的取扱いになる。その特徴は、「排除」という、行動を伴った差別であるという点にある。

《ポイント2》
不当な差別的取扱い＝特に深い理由もなく、障害があることを理由に何かを拒否したり、障害のある人にだけ何か条件をつけたりすること。

　障害者差別解消法では、このような不当な差別的取扱いを原則として禁止し

　＊2　内閣府「障害を理由とする差別の解消の推進に関する基本方針」第2-2（1）参照。

ている。そこには、個人経営の小さい商店の店主でも、地域の小さなサークル活動でも、もちろん行政機関でも学校でも区別はない。よっぽどの事情——「正当な理由」——がない限り、障害のある人だけを排除するようなことは原則として行ってはならない。禁止されるといっても、違反しても罰則はない。しかし、差別を受けた障害のある人から、損害賠償を求める請求や裁判があった場合には、差別したとされる側は、障害者差別解消法に違反し不法行為をした、として損害賠償金を払わなければならない場面も出てくるだろう。

《ポイント3》
障害を理由にして何かを拒否したり、障害のある人にだけ条件をつけたりする場合*3
原則:「不当な差別的取扱い」にあたるので、障害者差別と言える
例外:よっぽどの事情がある場合(客観的に見て正当な目的があることと、その目的に照らして拒否することがやむを得ないと言える場合)は、拒否しても「不当な差別的取扱い」にあたらない

(3) 合理的配慮の不提供
ア 「箱二つ分の配慮」
これに対し、障害のある人から、社会的障壁の除去を求める意思の表明がされた場合で、社会的障壁の除去が過重な負担ではない場合は、合理的配慮をする必要がある。

……という説明だけでは、障害のある人から何を求められたときに、どうすればよいのかさっぱりわからないだろう。法律にこのように書いてあるから仕方なく説明しただけなので、いったん忘れてほしい。

まず、なぜ障害のない人から障害のある人に対して、合理的配慮を提供しなければならないのか、そしてなぜ提供しないことが「差別だ」と言われなければならないのかについて、説明してみたい。

*3 内閣府「障害を理由とする差別の解消の推進に関する基本方針」第2-2(2)参照。

図1を見てほしい。親子三人で動物園にパンダを見に来ているのだが、フェンスが高くて、お父さんしかパンダを見ることができない。そこへちょうどよく、踏み台になりそうな木箱が三つある。普通に考えると、左の絵のように三人に一つずつ配ることが平等のように思えるが、それだと弟はまだ身長が足りないので見ることができない。一方で右の絵のように、お父さんには木箱を配らない代わりに弟に二つ配ると、三人ともめでたく見ることができる。では、弟に木箱を二つ配ることは「特別扱い」だろうか。弟の身長が足りないことは、弟のせいではない。パンダを見る機会を保障するために、弟には父と兄に「箱二つ分の配慮」を求める権利がある、と考えるのである。この「箱二つ分の配慮」が、合理的配慮だ。

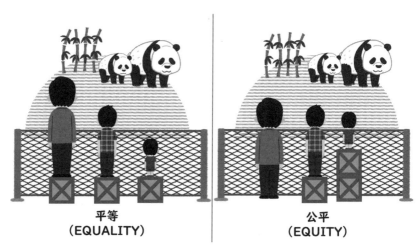

平等
(EQUALITY)

公平
(EQUITY)

図1　合理的配慮提供のイメージ
　　　右端の弟の箱の積み方に注目してほしい

　障害のない人の基準でつくられた社会のルール、文化、構造などをそのまま障害のある人にあてはめると、障害のある人を排除してしまうような場面が多数発生する。これは本人だけで克服できる問題でもないし、放っておくと社会に参加することをあきらめるしかない。そこで、足りない分は社会（みんな）の工夫で克服しよう、というのが、合理的配慮という考え方である。あくまで

「工夫」なので、どう考えても絶対に無理なこと（法律では「過重な負担」と言われている）まで求めてはいない。

　「社会に余裕があるとき、気が向いたときだけ提供すればいいじゃない。それがやさしさだよ」と思うかもしれない。でも、障害のある人にとっては、合理的配慮があって初めて障害のない人と同じフィールドに立つことができるため、周囲の気分によって社会参加できたりできなかったりする、などという状態では、社会参加がきちんと保障されているうちに入らない。このため、合理的配慮の不提供が差別にあたる、とされているのである。

　「合理的配慮の不提供にあたるかどうか」は、配慮を求められたほうの事情も考慮しながら、過重な負担にならない範囲で判断することになる。「こういう行為をしたら必ず合理的配慮の不提供になる」と言えないので説明が難しい。この点が「原則として絶対やってはならない」と言われている不当な差別的取扱いとはずいぶん違うところである。

　ちなみに、役所や公立学校等の公的機関は、合理的配慮の提供は義務として実施しなければならない。これに対し、それ以外の民間の会社や任意団体等の場合は、合理的配慮を提供するよう努めなければならない（努力義務）と書かれている。ここで努力義務とされていることで、合理的配慮だけではなく、障害者差別全般に対して、民間事業者の姿勢が消極的になってしまう傾向が否定できなかった。このため東京都をはじめとして、各地で民間事業者も義務とする条例が相次いで制定された。こうした流れを受けて、2021 年 5 月、民間も含めて合理的配慮の提供を義務とする改正障害者差別解消法が成立した。公布の日から 3 年以内の政令の定める日に施行される予定である。

《ポイント 4》
　合理的配慮の不提供＝障害のある人が、障害のない人とともにいるために
　　　　　　　　　　　　必要な配慮として「これ、やってほしい」とお願い
　　　　　　　　　　　　したところ、周りがそれを断ること
　※ただし、障害のある人からのお願いに対して負担が重すぎるようであれ
　　ば応じなくてもよい

イ　合理的配慮を具体的に求める支援

　法律や、内閣府の基本方針から読み取れる範囲で「合理的配慮の提供を求める」という行為を手順で示すと、《ポイント5》のようになる。

　まず、「①意思の表明」については、障害の種類によってはこれを厳しく求めると大変なことになる。知的障害や精神障害、発達障害、難病、あるいはろう者の場合、タイミングよく意思を明らかにすることは非常に難しい。このため、基本方針のなかでも、障害者本人からの直接の意思表明でなくても、家族、介助者等、コミュニケーションを支援する者が本人を補佐して行う場合でもよい、とされていたり、意思の表明がなくても、明らかに合理的配慮が必要とされている場面であれば、その場面に応じた合理的配慮を支援者から提案することが勧められている。つまり、障害のある人が自分一人ではタイミングよく言語化することが難しい意思を、本人と一緒に可能な限り具体化し、相手に伝えるところから支援は始まっている。

《ポイント5》

合理的配慮の内容を決めるまでの手順[*4]

①障害のある人からの「障害のために困っている」「合理的配慮をしてほしい」という意思表明

②「過重な負担」にあたらないか、相手が検討し、

　　A　できそうな配慮であれば実施する【終了】

　　B　「過重な負担にあたる」と相手が判断したら、その理由を障害のある人に根拠をもって説明してもらう→③へ

③より負担の軽い代替案がないか、障害のある人も相手も、一緒に考える

（4）障害を理由とする差別に関する相談

　障害者差別解消法は、全部で26ヶ条しかない短い法律である。このため、障害を理由とする差別を解消するために、誰が、何をするべきか、具体的には

---

　　*4　「障害を理由とする差別の解消の推進に関する基本方針」（内閣府）第2-3参照。

書かれていない。そうしたなかでも、差別に悩む当事者からの相談には、国と、地方自治体が的確に応じるように定めている[*5]。このため、地方自治体には差別に関する相談が寄せられる可能性が高いし、寄せられた場合には的確に応じる必要がある。

　法律に書かれている内容は少ないものの、法律の中身を具体化して業種ごとにどのようなことを守るべきか、どのような行為が差別にあたり得るか、といったことが書かれている対応指針が、各省庁から数多く出されている。たとえば、バスや鉄道などの公共交通機関から乗車を拒否された場合は、国土交通省が作成しているガイドラインを参照しながら対応するとよい。これをすべて読むことが難しく、またどのような場面でどのように調整すればよいか、具体的に知りたい場合は、日本弁護士連合会による「自治体担当者向け障害者差別解消法対応マニュアル」があるので、参照してほしい[*6]。自治体担当者だけでなく、相談支援にかかわるすべての人に参考になる。

相談支援の処「法」箋：合理的配慮の提供を具体化するには

1　Aさんは障害を理由とする差別を受けているか

（1）合理的配慮の不提供？

　さて、《事例》のAさんは、障害を理由とする差別を受けたと言えるだろうか。障害を理由とする2種類の差別のうち、不当な差別的取扱いと、合理的配慮の不提供の、いずれにあたるだろうか。

　市営プールの職員によると、もし仮にプールを汚損した場合、水を全部抜いて清掃するのに3日、費用は100万円かかる、という。これは「合理的配慮の不提供」パターンではないか。でも、100万円の費用と、3日分の休業によ

---

*5　障害者差別解消法14条
*6　日本弁護士連合会ウェブサイトに掲載されている。
https://www.nichibenren.or.jp/library/ja/activity/data/handicapped_person_manual.pdf

る損害という負担を市営プールが負うのは過重負担じゃないか。さっき、「合理的配慮」とは、「できないことまで求めるわけではない」と書いていたし、これだけの負担を負ってＡさんにプールを使わせるのは、合理的配慮にもあたらないのではないか。そうすると、この負担を担えない、と言っても差別とまでは言えないのではないか。

　……ということを考えた人がいるかもしれない。しかしそれは一つ、大きなミスを犯している。

（2）不当な差別的取扱いと正当な理由

　よく考えてほしい。

　そもそも、市営プールは、Ａさんが人工肛門を利用している、ということを理由に、「プールの利用をしないでほしい」と言っている。障害のない人であれば、料金さえ払えば誰でも問題なく利用できるはずなのに、「利用させない」と言っている。つまり、この事例は、障害があることを理由として、障害がない人であれば行うはずのサービスの提供を拒否しているのであるから、まず「不当な差別的取扱い」の問題として考えなければならない。そして、「不当な差別的取扱い」は、「よっぽどの事情がない限り禁止」というのが法律の考え方である。すなわち、市営プールは、Ａさんの入場を拒否するよほどの正当な理由がない限りは、Ａさんのプール利用を認めなければならない。

　では、市営プールの言い分に、「正当な理由」はあるだろうか。

　市営プールの言い分は、どれも「仮にＡさんが装着している人工肛門のパウチがプールの中で破損した場合」を想定している。しかし、そんなに頻繁にパウチが破損するものだろうか。この点、厚生労働省の生活衛生部局のウェブサイトにある「公衆浴場のページ」には、「オストメイト（人工肛門・人工膀胱のある人たち）の公衆浴場への入浴にご理解ください」というチラシが掲載されている。それによると、「ストーマ装具を必ず装着する等のルールやマナーなどを守って入浴すれば、便・尿などの排せつ物が漏れたりすることもなく、衛生上の心配もない」とされている。オストメイト側が守るべきルール・マナーがあるようだが、それさえ守っていれば汚損の心配はない、とされている。そうである以上、市営プールが恐れる出費やプール臨時休業のおそれは、ゼロリ

スクを求めるものであり、不当な差別的取扱いを正当化できるほどの「正当な理由」とは言えないように思われる。

　相談員としては、このようなアセスメントを前提に、市営プールの担当者とプールに入れるよう調整ができるとよいだろう。

2　トラブルの解決のために相談員にできること

(1) 相談者と相手との調整を恐れない

　《事例》のように、障害を理由とする差別に関する相談は、そのほとんどが社会（環境）との接点で発生するものであるから、ほぼ必ず「相手」があり、紛争化している。すると、相談者の悩みに応えようとすると、どうしてもその間に入って調整する必要が出てくることが多い。もちろん、相談者の思いを傾聴することも大切であるし、傾聴することによって相談者の心のなかで渦巻いていた怒りが収まることもあるだろう。しかし、障害のある人の社会参加を妨げている社会的障壁の除去が具体的に求められる相談も多い。そうした場合に傾聴だけしていても、具体的な解決策を提案できない限りは相談者が満足することはないだろう。ところが、障害者差別解消法は、「相談に的確に応えること」と定めているだけであり、こうした紛争に介入する根拠とするには少し弱い。かといって、介入をしてはならないというわけではない。法律が求めるように、「相談に的確に応える」ためには、そうした調整は必要不可欠だからだ。

(2) 相談支援の専門性

　ただ、調整と言ってもなかなか技術的に難しい部分もある。

　福祉サービスの利用であれば、すでにメニュー化されたサービスや事業所のなかから、本人の性格や能力にあわせてサービス等利用計画を作成する過程で、本人の話を聞いていくことができた。しかし、障害を理由とする差別の場合、紛争の解決のために、あらかじめ決まったメニューがあるわけではないので、いつ、誰と誰が、何をして、そのときにどう思ったのかを本人や相手方から聞かなければならない。

　それ以前に、本人が上手く言語化できないことも多い。先ほどの《ポイント

5》では、合理的配慮の提供を求める手順を紹介したが、この通りには進まない。とりわけ、合理的配慮の提供を求める場合、相手も本人の求めに応じることができるかどうか検討しなければならないため、障害のある人からある程度具体的な提案をしなければならない。

　そこで、相談支援の専門性が発揮されることになる。本人の障害特性や、日常的にどのようなことに困っているのか、どのような配慮があれば助かるか。こうした点は、本人よりもむしろ、日頃からそばで支えている支援者が「通訳」的に介入することで劇的に具体化しやすくなる。

　ここで、そうした「合理的配慮の内容の具体化」までの作業内容を図2で表した。このように、障害のある人（配慮を求める人）と、障害のない人（配慮を求められる人）との間で丁寧なコミュニケーションが必要となる。何も障害がなくてもこの作業は非常に難しい。自分が日々困っていることを、自分以外の人に説明することは、それなりに訓練されていない限りすぐにできるものではない。まして、知的障害や精神障害、障害の内容をなかなか言葉で伝えることが難しい発達障害や難病といった障害類型の場合、本人だけでこのコミュニケーションを担うことは酷とすら言えるだろう。相談支援に携わる専門職としては、この過程全般において当事者の思いや意見の言語化を手伝い、調整することが求められる。

　障害者差別解消法は、障害を理由とする差別が発生した場合の解決の「方向性」を示すものではあるが、唯一の回答を出してくれるものではない。法律に加え、丁寧なケースワークが求められるのであり、まさに法と福祉の豊かな連携があって初めて、障害のある人とない人との平等という、障害者権利条約の理念が地域に定着することになる。

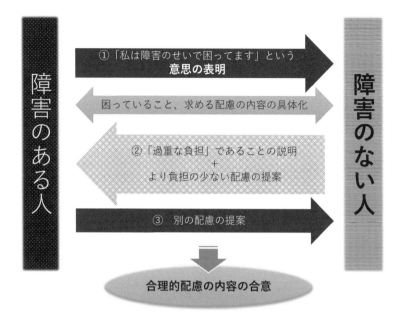

図2　合理的配慮の内容の具体化

3　高齢者支援へも応用できる差別解消法
——「障害者」のイメージをひっくり返す

　さて、ここまでAさんが障害者であることを前提として、障害を理由とする差別の解説を行ってきた。しかしこれは、「障害者」だけが関係している問題ではなく、身体に何らかの機能障害があるが障害者手帳を取得していない人や、がんや難病で障害者と同じように社会生活で生きづらさを抱えている人、さらには、加齢によってADLが低下したり、認知症になった高齢者（かつての「障害のない人」）にもあてはまる。

　現在の法律で「障害者」とは、障害者手帳の発行を受けている人だけを指しているわけではない。心身に機能障害があって、その機能障害と社会的障壁により、日常生活や社会生活で相当の制限を受けているすべての人、とされている[*7]。ここで、一つの大切なことに気づく。この法律の「障害者」の定義は、高齢者にもあてはまるのではないだろうか。加齢によるADLの低下も、認知

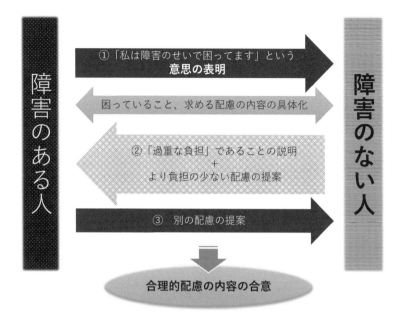

図2　合理的配慮の内容の具体化

ケース4
障害のある人もない人も、老いも若きもともに暮らす地域

3　高齢者支援へも応用できる差別解消法
——「障害者」のイメージをひっくり返す

　さて、ここまでAさんが障害者であることを前提として、障害を理由とする差別の解説を行ってきた。しかしこれは、「障害者」だけが関係している問題ではなく、身体に何らかの機能障害があるが障害者手帳を取得していない人や、がんや難病で障害者と同じように社会生活で生きづらさを抱えている人、さらには、加齢によってADLが低下したり、認知症になった高齢者（かつての「障害のない人」）にもあてはまる。

　現在の法律で「障害者」とは、障害者手帳の発行を受けている人だけを指しているわけではない。心身に機能障害があって、その機能障害と社会的障壁により、日常生活や社会生活で相当の制限を受けているすべての人、とされている[*7]。ここで、一つの大切なことに気づく。この法律の「障害者」の定義は、高齢者にもあてはまるのではないだろうか。加齢によるADLの低下も、認知

79

症という病名がつくかつかないかは別にして判断能力が衰えてきたことも、この定義での「心身の機能障害」に含まれると言える。そして、認知症の高齢者は、しばしば認知症というだけでどこか半人前のような扱いを受けたり、子どものような扱いをされたりする。これは、認知症であることを理由とした差別とも言える。認知症と一口に言ってもその程度は人それぞれであり、合理的配慮の提供を受けることができれば、社会のなかで役割を持って生活をすることは可能な場合も多いだろう。そうしたときに、「これは障害者の法律だから高齢者には関係ない」と言ってしまうのではなく、同じ哲学、同じ考え方を使って、地域ぐるみで合理的配慮のあり方を考えることができるはずである。少なくとも、障害者差別解消法は、そうした使われ方をすることはウェルカムである。

　もし、《事例》のAさんがオストメイトではなく、初期の認知症の高齢者だったらどうだろうか。「え、認知症？　監視員が見ていないところで溺れられたら困るから、ちょっと遠慮してください」と市営プールの職員に言われたら、あなたはどのように調整するだろうか。

＊7　障害者基本法2条1号「身体障害、知的障害、精神障害（発達障害を含む。）その他の心身の機能の障害（以下、「障害」と総称する。）がある者であつて、障害及び社会的障壁により継続的に日常生活又は社会生活に相当な制限を受ける状態にあるものをいう」

自治体ワンポイント③　障害者差別解消条例と SDGs（持続可能な開発目標）

障害者差別解消法ができる前

　障害者権利条約が国連で採択されて成立した 2006 年、千葉県で「障害のある人もない人も共に暮らしやすい千葉県づくり条例」（以下、千葉県条例）が成立した。これが、日本初の障害者差別禁止条例である。千葉県条例は、障害を理由とする差別の定義を定めてこれを禁止するとともに、当事者からの障害者差別に関する相談の体制を整え、さらに紛争になった場合、双方に解決案をあっせんし、それに従わない場合には勧告をするという、紛争解決システムを規定した。

　その後、道府県を中心に、同じ趣旨・目的・内容の条例が制定された。障害者差別解消法が施行された 2016 年 4 月 1 日までに制定された条例は、全国で 14 にのぼる。それぞれ、自治体内の障害当事者団体の強い要望を受けて、障害者権利条約と同様に当事者と自治体と、そして地域内の事業者とが議論を重ねてつくりあげられたものが多い。

障害者差別解消法施行後の条例の意義

　障害者差別解消法が施行されるまでは自治体で条例を制定することに意義があっただろうが、施行以降も条例を制定する必要性はあるのだろうか。読者のみなさんは素朴にそのように思うかもしれないが、実は、法制定後も次々と条例が制定されている。法施行と同時に施行された条例が 14 もあり、その後も続々と制定されている[1]。

　その理由は、障害者差別解消法の抽象的な内容によるところが大きい。同法

　＊ 1　内閣府「平成 29 年障害を理由とする差別の解消の推進に関する国外及び国内地域における取組状況の実態調査報告書」2.a（1）図表 2-1 より

は、全国共通で取組むべき最低限の事項を定めたに過ぎないため、内容も抽象的なものとなってしまった。相談体制についても、本文で説明した通り、「国及び地方公共団体は、障害者及びその家族その他の関係者からの障害を理由とする差別に関する相談に的確に応ずるとともに、障害を理由とする差別に関する紛争の防止又は解決を図ることができるよう必要な体制の整備を図るものとする」としか定めていない。ケース4の《事例》のように、紛争性が明確な案件につき、自治体として調整に入る根拠とするには、文言として不安が残る。

　そうすると、法律ができた現在もなお、千葉県条例から続く相談・調整・紛争解決の根拠を明確に定めた条例の存在が、必要とされていると言える。また、民間事業者、あるいは地域住民も含めて合理的配慮の提供を促進するよう、全員で取組むべき義務として定める条例も多い。法律の施行から3年以上が経過し、障害当事者の間では徐々に同法が浸透しつつある。

　そうしたなかで、障害を理由とする差別が地域課題として挙がることもあるだろう。たとえば、自治会の役員を持ち回りで分担しているところは多いと思われるが、知的障害があることを説明して分担の免除をお願いした者が、自治会からできないことや障害の内容について自分で記載したメモを作成するよう強要されたことを契機として自殺した、とされる訴訟が提起されている[*2]。また、知的障害や精神障害のある人が暮らすグループホームの建設をめぐり、今もなお地域から反対運動が起きることがある。こうした紛争性のある案件に限らない。毎年のように災害が発生する昨今、避難所において、耳が聞こえない人、目が見えない人に対する情報保障をどのように確保していくか。防災無線でいくら声を張り上げても、耳が聞こえない人には届かない。また、この原稿を執筆している2021年春は、新型コロナウイルス感染症の流行の第4波のただなかにある。知事が記者会見を開き、感染者数や感染対策の徹底を呼びかけている。その隣にはいつも手話通訳が立っているが、テレビにフレームインできている自治体とまったく映らない自治体がある。せっかく通訳してくれてい

＊2　『毎日新聞』2020年7月31日付「「おかねのけいさんできません」男性自殺　障害の記載「自治会が強要」」

ても、それが耳の聞こえない住民に届かなければ意味がない。

SDGs（持続可能な開発目標）と障害を理由とする差別

　このように、障害のある人への合理的配慮は、日々必ずどこかで問題になっているはずだ。障害者差別解消法の観点から課題となるだけではない。2015年9月の国連サミットで採択されたSDGs（持続可能な開発目標）の達成のためにも、無視できないテーマである。SDGsとは、2030年までに持続可能でよりよい世界を目指す国際目標だ。17のゴール・169のターゲットから構成され、環境、人権、経済等の多角的視点から持続可能な社会を達成し、地球上の「誰一人取り残さない（leave no one behind）」ことを誓うものである。これもまた、障害者権利条約同様、遠い世界の話のように思われるが、2020年に予定されていた東京オリンピックを契機に急速に定着しつつある。スーツの襟に、虹色のリングのピンバッジをつけた人を見たことがあるだろう。あれがSDGsバッジである。企業のビジネスパーソンがつけているのを目にする。また、内閣府地域創生推進室が主催し、SDGsの達成に取組んでいる自治体を「SDGs未来都市」として選定する事業が契機となり、自治体でも積極的に施策の柱とするところが出てきた。

　障害のある人の社会参加を保障することは、まさに「誰一人取り残さない」誓いの中心的なテーマと言える。このような国際的な価値を地域で実現するためにも、障害者差別解消条例制定の意義は、今もなおまったく褪せることなく存在し続けている。

虐待対応で判断に迷ったら

《事例》

Cさんは、デイサービスで支援員をしている。

ある日、利用者のAさん（80代）の腕にあざがあることに気づいた。

「どうしたのAさん！」と聞くと、Aさんは、同居している息子のBさん（50代）につかまれたのだという。Bさんは、普段は優しくてAさんの面倒もよく見てくれるが、機嫌に波がある。機嫌の悪いときは、ささいなことで大声をあげたり、手元にあるリモコンやスマートフォンを投げたりすることもあるらしい。小さい頃から機嫌が悪いとかんしゃくを起こしては周りから怒られ、Aさんが謝り……という関係をずっと続けてきたらしい。そんなBさんを、Aさんは現在まで大切に守ってきたのだという。

「でも、私が悪いのよ。なにかあの子の気に障るようなことを言ってるのね。私くらいしかぶつける相手がいないから仕方がないのよ」と、Aさんの暴力を気にする様子がない。

それでも、Aさんのあざが気になったCさんは、地域包括支援センターに相談してみた。すると、「うーん、Aさんも年齢のわりにはお元気そうだし、本当に危ないと思ったらご自身になんとかする力はありそうですね。とりあえず、あざができるほどの暴力は1回しか確認していないのだし、もう少し様子を見たらどうでしょう」と言われた。

- 高齢者虐待の対応時に、「厚労省や各自治体のマニュアルを見ても判断に迷う」とされる点について、法律をもとに解説
- 法律の趣旨に立ち返り、虐待の性質と、なぜ行政が介入しなければならないのかをよく理解し、関係機関で共有することが大切

　昔は、「法は家庭に入らず」と言われており、事例のような「成人した子どもが、老親に暴力をふるう」というケースで警察を呼んでも、「家庭内のことは家庭内で解決してください」と言われてなかなか介入まではされなかった。ところが、親族間であっても暴力的行為が続くことで深刻な権利侵害が発生し、ひどい場合は命を落とすことがある。その場合に家庭内だけで権利侵害状況を解決することはとても難しい。

　このため、未成年の子が被害者になる場合は児童虐待防止法（2000年施行）で、配偶者間の暴力であれば配偶者からの暴力の防止及び被害者の保護等に関する法律（ＤＶ防止法、2001年施行）で、障害者が被害者になる場合については障害者虐待防止法（2012年施行）で、そして高齢者が被害者になる場合は高齢者虐待防止法（2006年施行）で、それぞれ行政や福祉が介入するための法的根拠が整えられてきた。今や「法は家庭に入らず」などと悠長なことを言っていられる時代ではなくなった。家庭内であれ、深刻な権利侵害があれば行政が積極的に介入し、生命と身体と財産を守り、あらゆる手を尽くして必要な支援を届けなければならない。

　さて、この章で取り上げる高齢者虐待は、2006年に高齢者虐待防止法が施行されてからすでに15年以上が経っており、福祉・行政実務上の経験が一定程度蓄積されてきている分野と言える。厚生労働省からは、折に触れて詳細なマニュアルが改訂されているところであるし[*1]、それらについて詳細に解説した書籍や論文も多くある。また、多くの自治体で、それぞれの実情に応じたマニュアルもつくられていることだろう。このため、ケース5では、虐待対応のフローについて一般的な解説を詳しくすることを目的としない。

ケース5　虐待対応で判断に迷ったら

ところが、福祉行政でも地域包括支援センターでも虐待対応がある程度定着しているとはいえ、弁護士職員への法律相談は寄せられる。虐待ケースは個別性が強く、一つとして同じケースはない。虐待対応の細かい部分はマニュアルで示されているものの、それはあくまでマニュアルなので、法的根拠にはならない。法律という形では表現しづらい事務フローを示し、誰が対応しても法律に書かれていることを実現できるように、法律の意図を細かく具体化したものがマニュアルだ。

　ただ、自治体の規模や予算、地域資源の有無などの事情により、マニュアル通りの対応ができないこともある。あらゆるケースを想定してマニュアルを充実させる努力は重要だが、その一方でどれだけがんばってつくりこんでも、対応に迷う場面は必ず発生する。職員は、明確な根拠のないまま、さまざまな事情を総合的に考慮して虐待の認定や緊急性の判断をせざるを得ない。これは職員にとっては負担を感じるし、非常に困難な判断である[2]。そうしたときには、法律の趣旨に立ち返り、絶対に外してはならないポイントを関係機関で確認し、共有しながら対応にあたることが大切である。

　なお、今回の《事例》は高齢者のケースを取り上げたが、これから解説することと同じ問題は、障害者虐待でも発生する可能性があることに注意してほしい。

＊1　厚生労働省（平成30年）『市町村・都道府県における高齢者虐待への対応と養護者支援について』（以下、厚労省マニュアル）
https://www.mhlw.go.jp/stf/seisakunitsuite/bunya/0000200478.html
＊2　樋口範雄・関ふ佐子（2019）『高齢者法―長寿社会の法の基礎―』東京大学出版会、218頁。

法律解説：高齢者虐待防止法等の基本

1　はじめに

　高齢者虐待の対応については、今や全国的にどの自治体においても一定の経験値が蓄積されている。そしてその経験値はマニュアルという形で多くの自治体に整備されている。このため、一般的・網羅的な虐待対応の流れについては、各自治体のマニュアルをしっかり読んでほしい。

　一方で、マニュアルが充実するほど押さえるべきポイントが増えていき、根拠となる虐待防止法の趣旨（なんのためにその法律をつくったのか）や制度設計まで振り返る余裕は減っていく。ここでは、そもそも虐待とはどのような行為を指すのか、なぜ行政介入が必要となるのかなどの虐待防止法の基本的な規定について確認する。虐待防止法が目指す方向性を見失わなければ、マニュアルでは対応できない場面が発生しても、対応に迷うことは少なくなるはずだ。

2　虐待の禁止と行政介入の必要性

　高齢者虐待防止法には直接書かれてはいないが、児童虐待防止法、障害者虐待防止法では、「何人も、児童（障害者）に対し、虐待をしてはならない」と定められている[*3]。自治体職員や地域包括支援センター、福祉事業者などへの虐待対応研修では、高齢者虐待の定義を「養護者による虐待」「施設従事者による虐待」「使用者による虐待（障害者のみ）」に分類して解説が始まる。しかしこれらは、行政介入の対象となる虐待の定義のことを指しているに過ぎない。それ以前の問題として、言うまでもなく、誰であっても高齢者に対して虐待行為をしてはならない。条文には書かれていないが、あたりまえすぎるので書いていないだけだ。

---

*3　児童虐待防止法 3 条、障害者虐待防止法 3 条

ではなぜ、わざわざ行政が介入してまで虐待防止に取組む必要があるのだろう。それは、「高齢者の尊厳の保持にとって、高齢者に対する虐待を防止することが極めて重要だから」である[*4]。家庭の問題は家庭で解決すればよさそうなところ、第三者が介入するのは、虐待は「家庭」「施設」という、毎日続く閉じられた関係性のなかで発生するものだし、こうした関係性のなかでは被害者が自分の力で権利救済することが難しいからだ。そのような虐待の特性と法律に定められていることをあわせて考えると、虐待防止の究極の目標は、高齢者の尊厳の保持と言える。判断や対応に迷ったら、「今、その高齢者の尊厳が保持されていると言えるか」と折に触れてチームで考えてみるとよい。そして、このことは、障害者虐待であっても同じようにあてはまる。

3　高齢者虐待とは

(1) 高齢者虐待防止法における養護者による高齢者虐待の定義

　高齢者虐待防止法は、「高齢者」を65歳以上の者と定義している。そして高齢者虐待とは、「養護者による高齢者虐待」と「養介護施設従事者等による高齢者虐待」の二つを指す。今回は、家庭内で起きている暴力なので、養護者による高齢者虐待にあてはまる。養護者とは、高齢者を現に養護する者であって養介護施設従事者等以外の者を言う。高齢者と同居している子どもが、高齢者を介護していたものの、その介護負担によるストレスなどから高齢者に対して暴言をぶつけたり、暴力をふるったり、部屋やベッドから動けなくしたり、金銭搾取をするようになった場合をメインに想定している。

　虐待の類型は、大きく分けて五つが法律で定められている。

　その五つの類型とは、**身体的虐待**（高齢者の身体に外傷を生じ、または生じさせるおそれのある暴行を加えること）、**介護放棄**（高齢者を衰弱させるような著しい減食または長時間の放置、養護者以外の同居人による「虐待行為」と同様の行為の放置等養護を著しく怠ること）、**心理的虐待**（高齢者に対する著しい暴言または著しく拒絶的な

＊4　高齢者虐待防止法1条

対応その他の高齢者に著しい心理的外傷を与える言動を行うこと）、**性的虐待**（高齢者にわいせつな行為をすることまたは高齢者をしてわいせつな行為をさせること）、そして**経済的虐待**（高齢者の財産を不当に処分することその他当該高齢者から不当に財産上の利益を得ること）である。

　市民や警察、ケアマネージャー等さまざまな機関、人から自治体に虐待通報が寄せられる。自治体が事実確認を行った結果、上記五つの類型のどれかにあてはまり虐待として認定すると、虐待対応が始まる。簡単に説明するとそうしたことになるし、どのような事情があればどの類型の虐待の疑いが発生するかなど、厚労省マニュアルに詳細に書いてあるので、そちらをぜひ読んでみてほしい。そうしたマニュアル等を見てもなお対応に苦慮するとして法律相談によく寄せられる点が、①養護者の定義、②身体的虐待（暴力）の範囲、③セルフ・ネグレクト（自分で自分の世話を放棄してしまうこと）への対応である。

（2）法律相談で問題となる論点
①養護者の定義

　典型的な養護者とは、高齢者に対し、介護したり食事、洗濯、入浴などの日常の家事の世話をしたりしている同居の家族がこれにあたる。実際のケースにおいて判断に迷い、法律相談としてよく寄せられる場面が、ア）同居していても「子どもが親を養護している」と言いづらい場合と、イ）別居していても実質的に養護していると言える場合である。

　ア）同居していても養護していると言いづらい場合とは、同居はしているものの、「子どもが親を養護している」というよりは、どちらかと言うと「親が子どもを養護している」と評価できるような関係の場合や、お互い比較的自立している高齢の夫婦間で起きる虐待の場合などのケースである。

　「親が子どもを養護している」と評価できる場合、子どもになんらかの疾患や障害があったり、人になじみづらいところがあるなど、幼少期から親が子どもを社会から守り続けて親子でそのまま高齢化していったようなケースもある。たとえば80代の高齢の親と同居する50代の子が、障害や疾患等の影響で易怒性が強いことによって、非常に長期に渡り親子間で暴力的コミュニケーションにさらされていることもある。第三者である支援者から見て明らかに不適切

なコミュニケーションであっても、親は、そうした子どもの存在や困っていることを隠そうとして「大丈夫です」「たいしたことない」「ずっとこうだから」と言って、分離や保護の提案に応じていただけないことがある。何か気に入らないことがあるとすぐに怒鳴ったり、物を投げたりする子どもが、親を養護している、と言われると、たしかに首をかしげたくなるのも無理はない。このような場合、虐待者が被虐待者の生活の世話をしているとは言いづらいため、通報を受けた自治体職員は、「現に養護」していないと判断しがちである。

　しかし、さきほど「2」で説明したように、虐待は、「家庭」「施設」という閉じられた関係性のなかで発生する。高齢者虐待防止法ができた理由は、高齢者の尊厳を保持するためである。そして、「家庭」「施設」という閉じられた関係性のなかで虐待が起きやすいからこそ、「養護者による虐待」として特に行政が介入しなければならない、と定めている。そうすると、「現に養護しているか」どうかについて絞った解釈をして、「たしかに高齢者はつらいかもしれないけれど、養護しているとは言えないから介入しません。自分でがんばってください」などと言っている場合ではない。**高齢者の尊厳を可能な限り守るため、「現に養護しているかどうか」は広く捉える必要がある。**厚労省マニュアルにおいても、「現に養護」とは金銭の管理、食事や介護などの世話、自宅の鍵の管理など、なんらかの世話をしている者（高齢者の世話をしている家族、親族、同居人等）が該当するとしており、法律の趣旨に沿って非常に幅広い状態を指している、としっかり書いている。よほど被害者が認知機能的にも身体的にも自立していると確信できる事情がない限り、原則として「現に養護している」と判断して差し支えないだろう。法律相談やケース会議でこの点が問題となったときは、筆者は「老親が家の中で意識不明で倒れていたら、子どもが救急車を呼んでくれそうな程度の見守りを果たしていれば、その子どもは養護者と判断して差し支えない」と回答している。

　イ）別居していても実質的に養護していると言える場合とは、たとえば一人暮らしの高齢者の近所の人が、親切でその高齢者の買い物をしてくれたり、さらに進んで家賃や水道光熱費の支払い等の簡単な金銭管理をしてくれるようになったりする場合である。

　この場合、「近所の人」は同居もしていなければ親族でもないので、一見「養

護者」にはあたらないように思われる。しかし、買い物のついでにその高齢者の財布の残高を確認したり、お釣りを計算したりといったことをしてくれていれば、これは簡単な金銭管理であり、養護していると言える。こうした関係性は、近所の人が純粋な善意で助けてくれている間は「良好な見守り」として大変ありがたいかかわりだ。しかし、高齢者本人が何も言っていないのに、預かったお金からお駄賃として勝手に多めにもらい始めたり、さらに進んで年金のすべてを管理するようになったりすると、経済的虐待と紙一重の状態に近づいていく。

　そうしたときに、同居していないうえに親族でもないことを理由に養護者にあたらない、と整理してしまうと、虐待防止法に基づく対応がまったくできなくなってしまう。高齢者の金銭管理を一部でも継続して担っている、と言える関係性があれば、その近所の人を養護者と考える。その近所の人が金銭搾取をしていると判断されるなら、経済的虐待としての対応をするべきである。

　②身体的虐待（暴力）の範囲
　身体的虐待とは、高齢者の身体に外傷が生じ、または生じるおそれのある暴行を加えることである[5]。身体的虐待は、経済的虐待や心理的虐待に比べて行為が客観的に明らかであり、認定しやすいようにも思われる。ただ、法律相談を受けていて気になるのが、「暴言や物を投げつける行為はありますが、殴ったりあざができたりしていないので暴力はありません」という報告がたまに見られることだ。つまり、加害者が被害者に対して「物を投げつける行為」が、身体的虐待に含まれていないと捉えているのである。

　身体的虐待に含まれる「暴行」とは、刑法の暴行罪の「暴行」と同じ意味である。そして刑法の「暴行」とは、人の身体に対する不法な攻撃方法の一切を言い、結果としてけがをすることまでは必要ないとされている[6]。余談だが、私が司法試験の受験勉強をしていたとき、最も衝撃的で印象に残っている「暴

＊5　高齢者虐待防止法2条1項1号イ
＊6　大判昭和8年4月15日刑集12巻427頁

行」に関する判例が、「狭い室内で、脅す目的で日本刀の抜き身を振り回す行為」を暴行と判断したものであった*7。実際に加害者と被害者とが身体の接触（殴る、蹴るなど）をしていなくても、**けがをさせなくても、その危険性が十分認められる行為は刑法での「暴行」にあたる。**そもそも、けがをしていればそれは暴行罪を通りこして傷害罪である。このように刑法で「暴行」として処罰される行為なのに、高齢者虐待防止法では「身体的接触がなければ暴力ではない」と解釈するのはバランスが悪く、適切ではない。このため、「物を投げることはありますが、殴ったりあざができたりしていないので暴力はありません」という説明は、身体的虐待の範囲を必要以上に狭くしてしまう誤った解釈であることに気づくだろう。

③セルフ・ネグレクトへの対応

介護放棄（ネグレクト）とは、高齢者を衰弱させるような著しい減食または長時間の放置、養護者以外の同居人による虐待行為の放置など、養護を著しく怠ることを言う。

典型的には、同居の家族が、高齢者の介護保険サービスの利用や医療受診をかたくなに拒否する場合が想定されているが、高齢者本人が拒否する場合を特にセルフ・ネグレクトという。法律上、養護者がネグレクトを行う場合を「養護者による虐待」としているため、高齢者自身が介護拒否する場合は、この条文は正面からは想定していない。このため、セルフ・ネグレクト案件に対して、行政としてどのように対応すべきか、文献やマニュアルの記載は煮え切らないものが多い。

ただ、高齢者虐待防止法は、虐待が発生した場合に、老人福祉法や介護保険法などの関係法令に定められた行政権限を適切に行使するよう求めている法律だ。このため、虐待防止法をそのまま使うことが難しいとしても、そのおおもとの法律である老人福祉法や介護保険法にさかのぼれば適用できる場合がある。

たとえば、措置で養護老人ホーム等へ入所させるべき場面とは、虐待されて

---

*7　最決昭和39年1月28日刑集18巻1号31頁

いる場合だけではない。65歳以上の者であって、環境上の理由及び経済的理由により居宅において養護を受けることが困難な者も、措置入所させなければならない場面の一つである[*8]。

高齢者本人が拒否しているにもかかわらず無理やり入所させるべきではないのはその通りである。しかし仮にセルフ・ネグレクト状態にあり、要介護状態なのにヘルパーとの契約を拒否し、自分でご飯を用意できなくなって衰弱しきってもなお、「病院へは行かん」「施設にも行かん。自分でできる」と本人が言っていたとする。自宅の環境がごみ屋敷になってしまっているためか、皮膚もただれている。本人の生命や身体が大きく損なわれているような場合は、本人を地道に説得し、老人福祉法に基づいて高齢者虐待防止法と同じ内容の対応を取る必要がある。本人の意思と、生命、身体への深刻な損害が発生する危険性とを天秤にかけて、危険性のほうが大きければ、本人が拒否しているからとあきらめている場合ではなくなる。力づくで入所させるわけにはいかないが、ねばり強い説得は必要である。

ここで自治体として「セルフ・ネグレクトは虐待に該当しない」と判断したあとで介入をあきらめ、見守りもモニタリングもしなければ、老人福祉法に基づいて義務的にとるべき措置権限を行使していない、ということで、何もしなかったことが違法だ、と責任を問われる可能性がある。

4 養護者による虐待の通報義務

児童虐待防止法、障害者虐待防止法では、虐待の被害の程度にかかわらず、すべての者に通報義務が定められている[*9]。これに対し、高齢者虐待防止法では、その高齢者の生命、身体に重大な危険が生じている場合には義務として、そこまでではないが高齢者虐待にあたると思われる状態の場合は、努力義務として通報義務が定められている[*10]。

---

*8 老人福祉法11条1項1号
*9 児童虐待防止法6条1項、障害者虐待防止法7条1項
*10 高齢者虐待防止法7条1項、2項

緊急性によって義務の性質が分かれている点で、児童虐待、障害者虐待と異なっている。ただ、一般市民であっても、高齢者福祉に日頃からかかわっている専門職であっても、通報するかどうかというごく初期の段階でその高齢者にどの程度の危機が迫っているか、正確に把握することはおよそ無理であろう。このため、児童や障害者と同様、虐待の疑いを感じた時点で、自治体や地域包括支援センターへ通報するべきである。

　社会福祉施設の職員からは、「通報」と言うと仰々しい感じがして、なかなか電話を手に取れない、という素朴な感想も聞く。たしかに、「通報」と思ってしまうと、たとえば110番通報のように、大変なことになるような感覚を覚えるのは無理もない。ただ、「通報」とは法律がそのような言葉を使っているだけで、要は虐待対応の責務を負う機関（自治体、地域包括支援センター）に、虐待の兆候をキャッチしてもらうことが重要である。このため、「これから通報します」と明示しなくても、「**ちょっと相談する**」「**虐待になるかどうか問い合わせる**」という感覚で連絡をすれば十分である。

　逆に通報を受理する側は、虐待に関する「相談」や「問い合わせ」の形を取る情報提供であっても、その内容が虐待のおそれがある情報であれば、通報として受理しなければならない。「通報と言わなかったから」「虐待の認定ができるほどの情報ではなかったから」という理由は通らない。仮に虐待のおそれが十分認められる精度の情報が提供されているのに、職員が通報として受理しなかったために高齢者に深刻な損害が発生した場合、通報を受理する機関は、法に基づいて受理しなかったことが違法であるとして責任を追及されるおそれがある。通報を受理する機関は、対応の必要性の感度を上げ、虐待の可能性を少しでも感じたら、高齢者虐待防止法に則った対応を直ちに開始しなければならない。

5　虐待認定の判断の方法──コアメンバー会議の検討事項

　虐待通報があると、自治体の担当部署と、地域包括支援センターとで事実確認と安否確認を行ったあと、コアメンバー会議を開いて、①虐待の有無の判断と、②緊急性の判断、そして③対応方針を決定する[*11]。

ここで注意したほうがよいのは、検討はこの順番で行い、しかも②や③の事情があることを理由にして①虐待の有無を判断してはならないということである。

　たとえば、養護者から毎日暴言を受けているが暴力はふるわれていない場合、すぐに高齢者の生命、身体に重大な影響が生じるとはなかなか言いづらい。しかし、毎日暴言を受けている以上、少なくとも心理的虐待として高齢者虐待にあたるおそれは強い。ここで、「**高齢者にすぐに重大な危険があるわけではない**」**ことを理由に、虐待であることまで否定してはならない**。

　また、生命、身体に重大な影響が生じると言えない場面であっても、厚労省マニュアルによれば緊急性が高いと判断すべき場面はあり得る。たとえば、「本人や家族の人格や精神状態に歪みを生じさせている、もしくはそのおそれがある」場合には、緊急性が高いと判断できる状況であるとされている[*12]。養護者から暴力を受けて大けがをしていたり、養護者からお金を一切渡されずに高齢者がひもじい思いをしているような場合は迷わず介入しなければならないが、健康に深刻な悪影響を与えるほどの状況ではなくても、厚労省が考える「緊急性」は高い場合があり得る、ということを肝に銘じる必要があるだろう。虐待は、人の尊厳を壊していく状態であり、命に別状はないとしても、この「ケース5」の最初で確認した「高齢者の尊厳を保持する」という目的との関係で、緊急性があるかどうかを判断しなければならない。

　虐待を受けている高齢者が比較的元気に自立しており、仮に虐待認定をしたとしても成年後見制度を利用する余地はなく、また介護保険サービスを利用することも難しそうな場合、③対応方針の策定には苦慮することになるだろう。ここで、「虐待認定をしても行政としてできることが少ない」ことを理由に虐待であることを否定するのは本末転倒であり、適切ではない。そうしたサービス等を利用できる余地が少なくても、各世帯の状況やニーズに沿って相談支援をすることで、より深刻な虐待状況に陥らないようにすることは可能であるし、

ケース5　虐待対応で判断に迷ったら

それが自治体と地域包括支援センターに期待されている役割である。

　このように、高齢者虐待防止法が典型的なケースとして想定する場面ではない場合、②緊急性の判断や③対応方針の内容に合わせて①虐待認定の判断をしてしまいがちになる。しかし、それでは対応すべき虐待を取りこぼすことになりかねない。コアメンバー会議は、それぞれの虐待ケースの支援方針を決定する重要な場であり、ここで方向性を誤ると虐待対応全体がゆがむため、丁寧に事実を評価し、判断したい。

相談支援の処「法」箋：「虐待通報」「養護者」「暴力」の適切な判断を

1　Cさんの虐待通報

　冒頭の《事例》を読んでみて、この事例で高齢者虐待防止法にもとづく虐待通報があったと言えるだろうか。Cさんは、最寄りの地域包括支援センターに、Aさんの様子についての「相談」をしている。Aさんには、多少あざが見られたものの、直ちに命にかかわるような様子はなさそうである。「虐待だとしても、生命または身体に重大な危険が生じている場合とは言えない」という程度の状態と言えそうだ。だとすれば、Cさんの「相談」をわざわざ通報として受理することもないような気がするかもしれない。

　しかし、重大な危険はないものの、Bさんからの暴力によってあざが確認されており、少なくとも暴力があったことは間違いなさそうである。地域包括支援センターは、「虐待を受けたと思われる高齢者」の情報であれば、それは虐待通報として受理し、事実確認をしたうえで、虐待であればしかるべき対応をしなければならない。Cさんが電話で明確に虐待通報である旨を伝えなかったとしても、地域包括支援センターとしては、通報として受理しなければならない。

2　Bさんは養護者か

　Bさんは、たびたびかんしゃくを起こしては、母親であるAさんが謝りに出向き、Bさんを守ってきた。その状態が現在まで続いていると考えると、AさんとBさんの関係は、親が子を守るようにAさんが養っているという形に近いのだろう。地域包括支援センターも「Aさんも年齢のわりにはお元気そうだし、本当に危ないと思ったらご自身で何とかする力はある」という事情を気にして、虐待と評価することには少々抵抗があるようである。

　しかし、AさんとBさんは二人暮らしである。しかもAさんはすでに80歳を過ぎており、いつ健康上の不安が表に出て倒れるかわからない。幸い、BさんがAさんと四六時中険悪な仲というわけではなさそうなので、万が一Aさんが自宅で倒れたとしても、Bさんが119番通報をしてくれることは期待できそうだ。もう少し話を聞けば、日常的にBさんが家事を手伝っているような事情もあるかもしれない。

　この「養護者にあたるかどうか」の判断のとき、親が元気に自立しており、行政が手助けしなくても自力で逃げられることを理由に、養護者にあたらない、と解釈している場面が見られる。しかし、家庭内での虐待とは、外部から目の届きにくい閉じた関係性のなかでこそよく発生するため、法律で行政が介入できるように養護者による虐待を定めている。そうすると、養護者かどうかは、養護する者と養護してもらう者との生活実態や関係性によって判断すべきであり、親が自立しているかどうかを判断材料にすることは適切ではない。そう考えると、Bさんは、Aさんの養護者であると考えるべきだ。

3　Bさんの暴行

　地域包括支援センターは、「（BさんがAさんにふるった）暴力は1回だけ」と言っている。これは、Cさんが確認した上腕部のあざができた際の暴力を指して「1回だけ」と言っていると考えられる。

　しかし、けがをするような暴力はこれだけだが、Bさんは機嫌が悪くなると手元にある物を投げながら大声をあげることがよくあるとのことである。被害

者がけがをしたときだけが暴力ではなく、けがをするような危険性のある暴力的行為はすべて暴力（身体的虐待）にあたる。物を投げているのであれば、それらがいつＡさんに当たるかわからない。しかも、そうしたことがよくある、とのことである。そうすると、Ａさんは継続的に身体的虐待を受け続けていると見るべきであり、地域包括支援センターが立てた見通しは甘いと言えるだろう。

　この《事例》のような相談を受けた地域包括支援センターとしては、Ｃさんからの相談を養護者による虐待として通報があったものと捉え、直ちにＡさんの安否の確認と事実確認に向けて自治体と協議することになろう。

ケース6

家庭内暴力に安全・適切に介入する

《事例》

　ある市の障害福祉課に、ヘルパー事業所から相談があった。脳性マヒで車いすを利用しているAさん（35歳）の様子がおかしいという。Aさんは、夫のBさん（37歳）との二人暮らしだ。

　ヘルパーによると、数ヶ月前からAさんの家の壁がところどころへこんでいるのが気になっていたという。Aさんは「車いすをぶつけた」というが、それにしては高さが変だ。

　ところが数日前に訪問すると、Aさんは頭から腕から、あざだらけだった。車いすのホイールもゆがんでいるように見える。びっくりして事情を聴くと、夫のBさんから激しい暴力を受けたという。Bさんは以前、自閉スペクトラム症の傾向がある、と医師から言われたことがあり、感情がたかぶると抑えられなくなることがたびたびあった。これまでは、壁を殴ったり蹴ったりしてへこませる程度だったが、数日前は壁だけではなくAさんの車いすを蹴り倒し、さらに馬乗りになって殴られたという。

　事業所としてはさすがに放置できないため、障害福祉課に相談した。すると、障害福祉課のCさんは、「これは虐待というよりDV（ドメスティック・バイオレンス）ですね。すぐに配偶者暴力相談支援センターと警察と連携して対応したほうがいいですよ」とヘルパー事業所に助言した。

ポイント：使える法律は全部使って解決しよう！

・夫婦間の暴力に行政が介入する場合、高齢者虐待防止法・障害者虐待防止法とＤＶ防止法の適用が考えられる
・この三つの法律が定められた目的は異なっているので、うまく使い分けてほしい
・法律を正しく理解することで、被害者の保護を安全、適切に行うことを目指す

　家庭内暴力に行政などが介入する根拠となる法律・制度はいくつかある。一つのケースに一つの制度しか使ってはならないというわけではない。いくつかの法律が使えそうであれば、全部使って家庭内暴力を解決したいところである。

　法律相談を受けているなかで、複数の法律を使いこなして解決できればよいのにと思う典型的な場面が、夫婦間虐待である。夫婦は、言うまでもなくお互いに扶養義務を負っている[1]ため、よほどの事情がない限りお互いに「養護者」と言える。このため、夫婦間で継続的に虐待に該当する行為が認められれば、虐待されている人が障害者ならば障害者虐待に、高齢者であれば高齢者虐待にあたる。

　一方、虐待行為が暴力・暴言である場合は、「配偶者からの暴力」として配偶者からの暴力の防止及び被害者の保護等に関する法律（以下、ＤＶ防止法）によって、虐待されている人が保護される可能性が出てくる。

　高齢者虐待防止法・障害者虐待防止法とＤＶ防止法は、成立の経緯も背景事情も異なるため、できることも異なる。ＤＶ防止法のほうがより深刻な事態（生命にかかわるような事案等）を想定しており、それらから被害者を守ることを目的とする法律なので、いざ使おうとしても、使える要件が各種の虐待防止法よりもだいぶ厳しい。ただ、一方の法律ではできないことが他方の法律ではでき

＊1　民法752条（同居協力扶助義務）、760条（婚姻費用分担）

ることもあるため、その違いを理解すれば、深刻な暴行がある場合に両方の法律を駆使して、被害者を安全に分離することができるようになる。

　なお、高齢者虐待防止法と、障害者虐待防止法は、養護者虐待については規定されている内容がほぼ同じであるため、以下、二つを合わせて「高齢者・障害者虐待防止法」と表記する。

法律解説：高齢者・障害者虐待防止法・ＤＶ防止法の違い

1　高齢者・障害者虐待防止法とＤＶ防止法の違い

　高齢者・障害者虐待防止法とＤＶ防止法は、家庭内における暴力行為を阻止して被害者を救済する、という点において共通している。高齢者・障害者虐待防止法の対象は、「高齢者・障害者を現に養護する者」からの虐待行為であり、ＤＶ防止法の対象は配偶者からの暴力である。このため、高齢または障害のある夫婦間で日常的に暴力が行われていれば、両方の法律が適用される。

　しかしこれらの法律は、その制定の背景事情も違えば、法律が目指す目的も大きく違う。また、自治体の所管部署も異なることがほとんどだろう。つまり自治体としてこれらの法律を同時に使う場合は、虐待担当部署とＤＶ担当部署との多機関連携ケースになる。複数の部署の、複数の人間が関与して継続的に支援する場合、自分の所属機関が所管する法律の理解はもちろんのことだが、他機関のよって立つ法律の基本理念を理解しておく必要がある。この「違い」に十分注意しなければ、円滑な連携は難しい。とりわけＤＶ防止法が適用されるほど深刻な暴力が認められる場合、一歩間違えると被害者や、場合によっては支援機関職員の生命・身体に重大な危険が生じる緊急事態に発展することが想定されるため、連携が上手くとれないと市民の命にかかわる。

　そこで、前章で紹介した高齢者・障害者虐待防止法と比較しながら、ＤＶ防止法の解説をする。

	高齢者・障害者虐待防止法	ＤＶ防止法
制度の目的	高齢者・障害者の権利利益の擁護 →①虐待の防止 　②養護者に対する支援	①配偶者からの暴力の防止 ②被害者の保護・救済
通報受理機関	市町村	配偶者暴力相談支援センター （市町村の設置は努力義務）
対象となる虐待行為	①身体的虐待 ②介護放棄（ネグレクト） ③心理的虐待 ④性的虐待 ⑤経済的虐待	①身体に対する暴力（身体に対する不法な攻撃であって、生命または身体に危害を及ぼすもの） ②①に準ずる心身に有害な影響を及ぼす言動
警察関与	立入調査時・被虐待者の安全確保のための援助（努力義務）	警察官による被害の防止（努力義務） 警察本部長等の援助（義務）
被害者保護の方策	措置分離 面会制限 成年後見制度の利用	保護命令
虐待者への刑事罰	なし	保護命令違反（1年以下の懲役または100万円以下の罰金）

表1　高齢者・障害者虐待防止法とＤＶ防止法の違い

2　ＤＶ防止法

（1）法律の目的

　高齢者・障害者虐待防止法の場合、被害者である高齢者や障害者は、「自ら権利救済を求める人」というよりは、「行政が保護すべき人」という位置づけになっている。だから、市町村は「やむを得ない事由による措置」で分離したり、被害者を支援するのと同様に養護者を支援してみたり、被害者自身が自分で助けを求められなくても周りが動いて、被害者を守ることに注力している。被害者本人の意思をまったく無視するわけではなく、その意向に沿って支援はするものの、ある程度強制力を持って、行政主導で被害者と加害者を分離することができる。

　これに対し、ＤＶ防止法は、被害者も加害者も、「行政が積極的に介入すべき人」というよりは、それぞれ人格の主体として把握している。つまり、被害

者は、逃げるためのいろいろな権利を与えられており、被害者自身の自由意思でそれらを使うことで、被害救済をはかっている。加害者については、保護や支援の対象とは考えていない。加害者が本人の責任で暴力行為に及んでいることを前提として、保護命令制度を通じた罰則の適用をもって被害者の救済をはかっている。被害者は、自分の判断で暴力的な家族関係から逃げる意思も力もあることが前提である。このため、ＤＶ防止法によって利用できるさまざまな制度・手続は、被害者本人の手で申立等をしなければならないものが多い。配偶者からの暴力を受けている人を発見した人は警察や配偶者暴力相談支援センターに通報するように定めているが、努力義務にとどまっている。虐待の場合、虐待を発見した人に通報義務がある[*2]ので、被害者本人は何もしなくても市町村に虐待通報がされることで、支援がスタートするため、ＤＶとはだいぶ雰囲気が違う。

(2) 対象となる虐待行為

　高齢者・障害者虐待防止法も、ＤＶ防止法も、対象となるのは「暴力的行為」である点で共通している。しかし、その「強さ」には大きな差があるので注意しなければならない。

　高齢者・障害者虐待防止法の場合、養護者による虐待には５種類の行為（身体的虐待・介護放棄・心理的虐待・性的虐待・経済的虐待）が定められていた（表1参照）。

　これに対し、ＤＶ防止法が対象とする暴力は、①身体に対する暴力（身体に対する不法な攻撃であって生命または身体に危害を及ぼすもの）と、②身体に対する暴力に準ずる心身に有害な影響を及ぼす言動である。②のなかに、虐待防止法でいう心理的虐待と性的虐待を含めるという意味である、と解釈されている。ただし、ＤＶ防止法の対象となる「暴力」には②も含まれているが、具体的に警察に協力を求めたり、裁判所に保護命令を求めたりできる「暴力」は、身体に対する不法な攻撃や生命を脅かすような脅迫行為に限定されている。何やら

[*2]　高齢者虐待防止法7条、障害者虐待防止法6条

ややこしいが、「ＤＶ防止法が使えそうなのは、命にかかわる可能性がある暴力行為のみ」という点を押さえておくとよい。

　高齢者・障害者虐待の感覚でＤＶ防止法による制度を利用しようとすると、ＤＶ担当部署や警察などから「まだＤＶと呼べる程度ではない」と言われてしまうかもしれない。「虐待」にあたる暴力のうち、「このまま放っておいたら死ぬかもしれない」と感じるものに限ってＤＶ防止法を使う選択肢が生まれる。

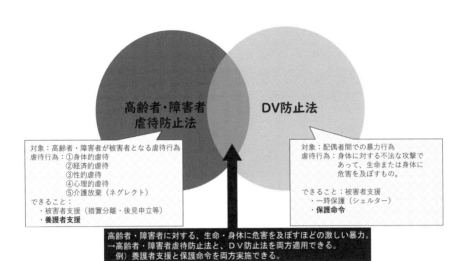

図1　障害者虐待防止法とＤＶ防止法の違い

(3) 被害者を保護するための制度——保護命令

　では、ＤＶ防止法によってどのような制度、手続が利用できるだろうか。最も影響力がある手続は保護命令だろう。場合によっては加害者を逮捕してもらうことを可能にするという、高齢者・障害者虐待防止法にはない強力な手続だ。その反面、使うための条件も厳しい。

ア　保護命令とは？

　保護命令とは、被害者の生命または身体に危害を加えられることを防ぐため、被害者が自分で申立をすることにより、裁判所が配偶者に対して一定期間被害

者または被害者の子や親族等へのつきまとい行為を禁止したり、被害者の家から退去することを命じる「裁判」である。

そう、「裁判」である。

高齢者・障害者虐待では、成年後見の申立をしない限りあまり裁判所は出てこないが、保護命令には必ず裁判所が出てくる。しかも、福祉部署になじみの深い「家庭裁判所」ではなく、契約関係のもめごとを解決したり、交通事故の賠償金を求めたり、行政訴訟や労働訴訟などを解決したりするなど、民事（行政）事件全般を担当する「地方裁判所」が判断をすることになる。

裁判所で保護命令が発せられると、被害者は警察の特別なサポートが受けられるようになる。さらに保護命令の裁判に違反し、加害者が被害者に再度近づくことがあれば、保護命令違反の犯罪となり、加害者には刑事罰[*3]が科せられる。保護命令がなければ、暴行罪や傷害罪が発生したあと、つまり暴力が発生したあとでなければ犯罪にならず、警察も加害者を逮捕できないが、保護命令が出れば、加害者が被害者に接近・接触しようとしただけで犯罪となり、逮捕できるようになる。刑はそれほど重くないため、加害者に前科がない限りいつまでも捕まえておくことはできないが、被害者が遠方へ転居するための時間を稼ぐことはできる。

イ　保護命令を使うための条件

①配偶者などから身体に対する暴力または生命等に対する脅迫を受けたこと

②（①の暴力や脅迫により）被害者の生命または身体に重大な危害を受けるおそれが大きいこと

③被害者が申立をしていること

④配偶者暴力相談支援センターまたは警察の職員に相談したり援助申込みしたことがあること

＊3　1年以下の懲役または100万円以下の罰金（ＤＶ防止法29条）

なかなかの重厚な条件である。

高齢者夫婦の場合、ここまで生命の危険を感じるような虐待が夫婦間で発生することは想定しづらいかもしれない（子による虐待の場合はあり得るだろうが、ＤＶ防止法の対象からは外れてしまう）。

しかし、夫婦のどちらかが障害者で比較的若い場合は、これだけの深刻な暴力になる事態は十分に想定される。

筆者が法律事務所にいる弁護士として相談を受けていたときは、被害者は暴行を受けた直後に、着の身着のままで文字通り駆け込んでこられることが多かった。そうすると、すぐにでも保護命令の申立をしたくなるのだが、その際に忘れがちなのが④の条件である。必ず配偶者暴力相談支援センター（以下、配暴センター）か警察で、ＤＶの相談をしなければならない。

保護命令の裁判を認めてもらうためには、上記四つの条件が存在することを証明しなければならない。つまり、それぞれ確固たる証拠がなければならないのである。③と④については、被害者が行動に移せばそれが証拠になるため、あまり問題にならない。問題は、①の暴力や脅迫が存在したこと、②の危険性があることを、証拠によって裁判所に証明しなければならないことである。基本の証拠書類としては、傷跡の写真を（傷を受けたあと、できるだけ速やかに）撮り、けがについては医師に診断書を書いてもらう。脅迫があるのであれば、無理のない範囲で録音をとる、などである。

ウ　保護命令の具体的な内容

保護命令には、以下の５種類があり、申立をする際に、相談者の状況に応じて必要な命令を複数選択する。

①被害者への接近禁止命令

命令の効力が生じた日から６ヶ月間、被害者の住居その他の場所におけるつきまといまたは徘徊を禁止する。

②被害者の同居の子への接近禁止命令

加害者が、被害者と同居する未成年の子と勝手に同居を始めると、被害者がその子の監護のために様子を見に行かなければならない。そうすると、加害者

だけに接近禁止命令が発令されていても、被害者から加害者へ接近することを余儀なくされ、暴力のリスクが高まる。このため、被害者の同居の子を対象とする接近禁止命令が出せる。

③被害者の親族等への接近禁止命令

被害者の親族に対し、加害者が、被害者の居場所を聞き出すために脅す可能性もある。その結果、親族がやむを得ず情報を渡してしまうと、被害者が逃げていても見つかってしまうだろう。そうしたことを避けるため、親族（同居である必要はない）への接近禁止命令も出せる。

④電話禁止命令

被害者に対する面会要求、電話等を禁止する命令である。物理的な接近を禁止したとしても、メールや電話でしつこく連絡をしてくると、被害者はいつまでたっても安心できない。恐怖心が高じて戻らざるを得なくなることもある。このため、電話等の連絡の禁止を命ずるのである。

⑤退去命令

被害者と加害者がともに暮らしていた家から、加害者を2ヶ月間退去させて、被害者を保護する命令である。この2ヶ月の間に、被害者が転居するためのものである。

(4) その他の被害者を保護するための制度

ア　情報管理

被害者が加害者のもとを離れたあと、注意しなければならないのが加害者に居場所を知られないようにすることである。いったん加害者の目の前から逃げられたのであれば、そのあとは被害者の現在地が加害者へ漏れないよう、ありとあらゆるシミュレーションを行って支援者一丸となって守り抜かなければならない。これが失敗すれば、被害者の命にかかわる。また、避難先を隠すためにさまざまな便宜を受けることができる。

たとえば代表的な例が住民票だ。ＤＶ被害者の申出があれば、その被害者の住民票や戸籍の附票の閲覧（見るだけ）・謄写（コピー）に関して、加害者やその代理人からの請求を、役所は受けつけてはならない[*4]。この措置の期間は申請から1年間で、延長が必要な場合には期間終了の前に延長の申請ができる。

ただし、加害者からの閲覧・謄写請求はこれで防げても、加害者以外からの閲覧・謄写請求にまでは効果が及ばない。たとえば、加害者が、被害者のきょうだいを脅して住民票を取り寄せさせる、といったケースも実際に存在する。このように、住民票の秘匿だけでは限界がある、という点は注意が必要である。加害者が被害者に強い執着を抱いており、手を尽くして居所を突き止めようとする気配を感じるのであれば、転居してからほとぼりが冷めるまでの間、住民票を元住所から異動しない、という方法も検討しなければならない。

　住民票を異動しないということは、そのままでは自治体の行政サービスを受けられないということになる。特に子どもが小さい場合は学校関係の手続が問題になる。この点、ＤＶ被害者と一緒に避難してきている子どもは、住民票を異動していなくても実際に住んでいる市町村の公立の学校に通うことができる。この場合、教育委員会や学校を通じて加害者に居場所が知られないよう、転校前と後の教育委員会に事情をよく説明しておくとよい。

　また、被害者がいなくなると、加害者が行方不明者届を警察に提出することがある。警察がＤＶの事情を知らずにこれを受理すると、加害者へ居場所を教えてしまうことがある。そこで、警察にはＤＶの事実を必ず相談しておくべきである。そうしておくことで、警察に加害者からの行方不明者届を受理しない対応を求めることができる[*5]。

イ　一時保護（シェルター）

　高齢者・障害者虐待防止法の場合、養護者と本人を分離する際には「やむを得ない事由による措置」により施設へ措置入所してもらうことになるだろう。

　ＤＶ防止法でも、被害者やその子どもの一時保護を、配暴センターの業務としている。一時保護は、婦人相談所または厚生労働大臣が定める基準を満たす

[*4]　平成 25（2013）年 11 月 18 日厚労省保保 1118 第 1 号「『配偶者からの暴力を受けた者の取扱いについて』の一部改正について」、平成 20（2008）年 2 月 27 日厚労省保国 0227001 号「配偶者からの暴力を受けた者の取扱いについて」

[*5]　平成 25（2013）年 12 月 20 日警察庁丁生企 137 号「配偶者からの暴力の防止及び被害者の保護等に関する法律等の運用上の留意事項について（通達）」

者に委託して行うものとされているか、婦人保護施設でも一時保護できる。また、民間のシェルターも存在する。

　法律の目的が虐待防止法と異なり、被害者の主体的意思決定を後押しすることがDV防止法の目的なので、被害者本人が保護を求めることで初めて一時保護所を利用することができるようになる。行政が決定した措置による入所ではないので、民間シェルターでの一時保護の場合は、有償になることもある。

相談支援の処「法」箋：小さな違和感は行政とシェア 早期介入で最悪の事態を防ぐ

1　養護者による虐待の通報

　さて、冒頭の《事例》を読んで考えてほしいのは、まずヘルパー事業所の対応はこれでよかったのだろうかということだ。

　ヘルパーはAさんがあざだらけになる前に、Aさんの自宅壁に不自然なへこみがあったのを確認している。Aさんは「車いすでぶつけただけ」と言っているが、ヘルパーは「それにしては高さが変だ」と思っている。おそらく、この段階でヘルパーは、「虐待」という単語がよぎっていたのではないだろうか。でも、Aさんが「自分でぶつけた」と言っている以上、おおごとになるのをためらい、この場は具体的に動かずに様子を見ている。

　ただ、Aさんは車いすを使う障害者であり、もし養護者である夫BさんがAさんを暴行してこうなっているのだとすれば、明らかな障害者虐待である。そして、「ケース5」で確認したように、養護者による障害者虐待を発見した者は、誰であっても速やかに市町村に通報しなければならない[*6]。さらに、ヘルパーのような「障害者の福祉に職務上関係のある者」には、障害者虐待を発見しやすい立場にあることを自覚し、障害者虐待の早期発見に努めなければならないという努力義務が課せられている[*7]。ヘルパーは、家庭という閉鎖的な関係性

＊6　障害者虐待防止法7条1項

に介入することができる希少なポジションなので、虐待に対するアンテナは高く張っておきたい。

そこでヘルパーは、壁がへこんでいたのを発見した段階で、市町村の障害福祉担当部署に一言相談しなければならない。「通報」と構えると連絡しづらいが、「ちょっと変」という小さな違和感を念のため行政とシェアしておく、と考えればよい。

これに対し、市町村の障害福祉課職員としてそのような相談を聞いたときは、障害者虐待を疑う必要がある。情報提供者がはっきりと「通報です」と言わなかったから通報ではない、ということにはならない。内容的に虐待が疑われる相談であれば、市町村側で「虐待通報」として受理しなければならない。

2　これはDV？　障害者虐待？

「1」の通りに行けば理想だったが、今回の《事例》ではAさんがあざだらけになって初めてヘルパー事業所から障害福祉課のCさんに、相談が寄せられている。この相談に対して、Cさんは「これは虐待というよりはDV（ドメスティック・バイオレンス）ですね。すぐに配偶者暴力相談支援センターと警察に連絡したほうがよい」と助言しているが、この対応でよいだろうか。

これが「障害福祉課と配暴センターとで連携して対応する」という意味であればよいが、そうであればCさんから配暴センターへ連絡するか、一緒に事業所から事情を聞くための調整をするべきだろう。

また、この段階で「これはDVであって障害者虐待ではない」という整理をしたのだとすれば、それは適切とは言えない。養護者Bさんからの暴力が、被害者Aさんの生命や身体に重大な危険を及ぼしそうな程度であれば、それは障害者虐待（身体的虐待）でもあり、DVでもある。初報の内容が養護者による身体的・心理的虐待にあたり得る以上、事実確認はしなければならない。集めた事実に基づきアセスメントをした結果として、配暴センターによる対応のほ

＊7　障害者虐待防止法6条2項

うが適切であると判断したのであれば、その旨を伝えて引き継ぐことはあり得るだろう。

その場合、たとえば一時避難先としてシェルターの利用が難しい場合には、障害者虐待防止法等に基づく措置として、障害者支援施設等への入所を検討する必要がある[*8]。というのも、ＤＶ防止法に基づいて利用可能なシェルターとなる施設は、残念ながら設備的にも人員的にも障害者の利用を想定していないことが多いため、受け入れが難航することも予想される。それでも、特に受け入れが難しそうな理由がないのに、被害者に障害があるというだけで拒否することは、障害者差別解消法が定める「不当な差別的取扱い」として許されない[*9]。

いずれにしても、被害者の身の安全に最大限注意を払いながら避難を支援するため、障害福祉課、配暴センター、そして場合によっては警察との緊密な連携が必要となる。

3 弁護士との連携

ＤＶ防止法を使って配偶者と分離する、ということは、基本的に夫婦の再統合は見込まれないケースであることがほとんどだろう。とにかく全力を尽くしてなりふりかまわず、被害者を安全に配偶者から分離することに注力する。

このとき、分離後の被害者の身の安全を守るために保護命令の申立が必要となることがあるだろう。保護命令は、前に説明した通り、その条件が満たされていることを証拠をもってして証明する必要があるので、丁寧に資料を整えて申立をしなければ、加害者を無用に刺激するだけで終わってしまうおそれがある。さらには緊急性が落ち着くと、そのあとは離婚に向けた手続が控えている。ＤＶケースで、裁判所の手続を利用せずに夫婦の合意で協議離婚をするのは非

[*8] 障害者虐待防止法９条２項
[*9] 障害者差別解消法７条１項、８条１項。シェルター側に、障害者を受け入れられない「正当な理由」がない限り、利用拒否は許されない。「ケース４ 障害のある人もない人も、老いも若きもともに暮らす地域」の内容も参照。

常に難しい。裁判所の手続を利用する場合も、被害者の身の安全を守るために
さまざまな配慮が求められる。

　そこで、分離前から被害者の一連の手続を弁護士に依頼できたほうがいいだろう。保護命令から離婚請求への手続は、弁護士のなかでも専門性が高い部類に入る事件になる。このため、近くの配暴センターが提携している弁護士がいれば、紹介を受けるとよい。それが難しい場合は、日本司法支援センター（法テラス）のＤＶ等被害者法律相談支援制度を利用するとよい。この制度を利用すると、ＤＶやストーカー、児童虐待に理解のある弁護士を紹介してくれる。費用は、資力基準を満たせば法律相談は無料になる。

4　早期介入の必要性

　ケース6では、生命や身体に危険を感じるような暴力を伴う虐待について、ＤＶ防止法を一緒に適用する解決策について解説した。しかし、ここまで危険性が高まるまでには、必ずＤＶ防止法適用レベルに至らない程度の虐待状況を経ているはずだ。

　一度は結婚を決意するほどの良好な関係性だった二人が、ある日突然、命の危険を感じるような、配偶者を激しく暴行するほどの豹変を見せる、という極端な事例は少ない。つまり、ヘルパーや相談支援専門員などの支援者や、自治体の担当者、親族などが、虐待の兆候をもっと早い段階で察知し、通常の虐待対応として被害者への支援と加害者に対する養護者支援に入ることができれば、このケースで解説した薄氷を踏むような対応をする必要はなくなる。

　最終手段としてＤＶ防止法を一緒に適用するという選択肢は残しつつ、そうはならないように、支援者、自治体職員は、日頃から虐待に対する感度をあげておかなければならない。

万引きを繰り返す高齢者の「更生支援」

《事例》

　地域包括支援センターの相談員Aさんのもとへ、警察署から、無銭飲食で捕まっているBさんの支援依頼が舞い込んだ。

　Bさんは78歳の女性で、「捕まったのは初めて」と言っている。しかし、警察によると、つい3ヶ月前にも万引きで捕まり、罰金刑になって釈放されたばかりだという。警察としては、10日ほど取調べてから釈放したいので、準備をしておいてほしいとのことだった。

　Aさんは、警察に捕まっているBさんに会わせてもらった。長谷川式簡易知能評価スケールを試したところ、認知症が十分疑われる成績だった。Bさんの自宅には、夫のCさんが、隣の市には娘のDさんがいる。しかし、Cさんは足が悪く、Dさんも子育てをしながらフルタイムで働いており、急にBさんの面倒を見ることは難しそうだった。

　Aさんは、Bさんの同意を取り付けたうえでCさんとDさんに事情を説明し、釈放されたらAさんを病院へ連れていって認知症の詳しい検査をしてもらうことと、しばらく自宅での生活を注意して見ておいてほしいということについて了承を得た。

　さて、警察が言っていた10日が過ぎようとした頃、また警察から連絡がきた。「あ、Bさんなんですけど、当初の予定から変わっちゃって、起訴することになりました。罰金の前科もあるし、いつ頃帰れるかわかんないですね」。

　え、どういうこと？

ポイント：刑事裁判のルールを知って、スムーズな支援計画を

- 福祉につながることができずに罪を犯してしまった人に、「刑罰ではなく支援を」という考え方（更生支援）が広がっている
- 「断らない相談支援」においても警察官・検察官・弁護人との連携が必要な場面が増えることが予想される
- 刑事裁判の厳格なルールと警察官・検察官・弁護人の役割の違いを知ることで、支援計画がスムーズになる

　軽度の知的障害や認知症のある人が、その障害に気づかれなかったり、福祉的支援に上手くつながることができずに生活が困窮して、万引きや無銭飲食などの犯罪行為を繰り返してしまう、という報道を見たことはないだろうか。2000年代の初めに、元衆議院議員の山本譲司氏が、自ら服役したときの体験談を記した『獄窓記』（新潮社、2003）を出版したことをきっかけに、そうした社会問題が少しずつ知られるようになった。

　高齢社会を映し出すかのように、刑務所の服役者における高齢者の割合は増加している。刑法犯検挙人員における高齢者率は、平成の間右肩上がりとなり、平成元（1989）年には数％程度だったものが、令和元（2019）年には22.0％となっている[1]。また、性別で分けたとき、女性の場合は、検挙人数に占める高齢者率が33.7％にものぼる。他方、刑法犯の罪の種類別に見ると、高齢者が犯す犯罪のなかでは、明らかに窃盗罪（万引き）の割合が多い。検挙された女性高齢者の場合、実に9割が窃盗罪で検挙されている[2]。万引きはもはや、「やんちゃな小学生が本屋でマンガを盗む」というイメージではなく、「高齢者が認知症や生活の困窮から食材を盗む」というパターンに大きく変わっている。

　警察や検察、刑務所、弁護士のような刑事裁判にかかわる人々の間では、こ

＊1　法務省法務総合研究所編『令和2年度犯罪白書』第4編第7章高齢者の犯罪 【4-7-1-1図】刑法犯検挙人員（年齢層別）・高齢者率の推移（総数・女性別）
＊2　同上【4-7-1-3-図】刑法犯高齢者の検挙人員の罪名別構成比（男女別）

こ10年あまりでこうした認識が広がってきた。それと同時に、福祉による支援が届かなかったために万引きなどを犯した人に対しては、ただ刑罰を科すのではなく、その人にとってそれまで縁のなかった支援を届けるほうが、よりよい形で社会復帰ができるのではないか、という考えが急速に広まった。こうした社会問題を、「触法障害者・高齢者の更生支援」と呼び、刑事裁判にかかわる人のなかでは新しい課題として研究されている。

　しかし、福祉関係者にとっては、取調べられている最中の被疑者段階の刑事手続など、刑事裁判側のルールをまとまって学ぶ機会は少ないだろう。だから、警察などの刑事裁判に携わる誰かからかかってきた電話に、その都度担当者があわてて言われるがまま対応せざるを得ない。警察から相談が寄せられるたびに、電話の向こうの警察官が言うことを信じて動くしかない。どのような罪で逮捕されているのか、起訴するのか、それとも不起訴にするのか、どのような判断がされる見込みなのか、いつまで捕まっているのか、起訴されたらどうなるのか。警察から支援依頼を受けるときに、こうした情報は必須だ。

　刑事手続の世界は福祉の世界と異なり、本人の意思や健康、障害の有無などはほとんど無視して、非常に厳しい期間制限がついてまわる。また、警察官や検察官といった捜査機関は、原則として犯罪行為をした人を処罰することが仕事であり、本人支援は本来の業務ではない。当然のことながら、ベースとする理念も、考えていることも、福祉の専門職とは全然違う。こうしたまったく異なる文化的背景を持つ職種が、お互いのことを知る機会もないままに連携をしようとするのは難しくてあたりまえである。

　では、難しいからといって避けていてよいのか、というと、それではますます、万引きをした障害者・高齢者の更生支援は実現できない。実際、厚生労働省が提示する「多機関の協働による包括的支援体制構築事業」の想定する支援対象者イメージのなかにも、更生支援が必要な人が含まれている。そこで、そうした人をも支援し、認知症や障害があっても地域から排除しない社会を目指すため、専門職も、最低限の刑事裁判の世界のルールを知っておいたほうがよい。

法律解説：刑事手続の登場人物と流れ

1 刑事手続の登場人物

　刑事手続とかかわる場合、よく出てくる登場人物が「警察官」「検察官」「弁護人（弁護士）」だろう。そして、専門職であれば、最もよくやりとりをするのが警察官ではないだろうか。そうすると、刑事手続について一番よく知っているのが警察官、と思いがちだが、この三つの職種の役割や権限を知っておかないと、《事例》のような肩透かしを食ってしまう。改めてそれぞれの役割や権限を確認しておこう。

（1）警察の役割

　警察は、「個人の生命、身体及び財産の保護に任じ、犯罪の予防、鎮圧および捜査、被疑者の逮捕、交通の取り締まりその他公共の安全と秩序の維持にあたることをもってその責務とする」組織である[*3]。暴動をしずめたり、犯罪の捜査をしたり、逮捕したりすることが仕事だ。ところが実は、捜査したあとで、裁判にかけるかどうかを判断する権限は持っていない。

　事件が発生すると、被疑者や被害者、参考人を取調べて供述調書をつくったり、現場検証をしてその結果を書類にまとめたり、といった捜査を警察がする。捜査を行った結果は、起訴するかどうかを決める担当の検察官へ送られる。検察官は、警察の捜査の結果に目を通し、裁判で「この人は有罪だ」と証明できるかどうか検討する。証拠が足りないと、検察官から警察に補充捜査の依頼があるので、警察はさらに捜査する。

（2）検察官の役割

　検察官は、刑事事件について、公訴を行い、裁判所に法の正当な適用を請求

＊3　警察法2条1項

し、かつ、裁判の執行を監督する等の事務を行う[*4]。要は、①被疑者を起訴し、②公判において有罪を求め、③判決が出たら適切に執行されるようにすることが仕事である。そして、①被疑者を起訴するかどうかを判断する最終権限を持っており、警察の捜査にも、私たちからは見えないところで大きな影響を及ぼしている。

（3）弁護人（弁護士）の役割

被疑者の弁護のために、被疑者本人や国から選ばれた人のことを「弁護人」という。「弁護人」には原則として「弁護士」の資格を持った人しかなれない[*5]。「弁護人」と「弁護士」、同じようで違う意味の言葉である。弁護士が弁護人を引き受ける場合の価格は結構高い。そのまま放っておくと、お金のない人は弁護人を選任できず、自分の権利が守れない。そこで、弁護人を選任する資金がない場合は、「勾留」つまり「ずっと捕まった状態」になると、国のお金で国選弁護人が選ばれる。

被疑者・被告人は、「犯罪をしたかもしれない者」という立場上、国家権力から行きすぎた捜査をされがちである。たとえば真実発見のために手段を選ばない捜査をされてしまうことが多々ある。拷問に近いような取調べを受けたり、知らない間に盗聴されたり、共犯者はもう自白してるぞ、とだまし討ちのような取調べを受けたり、といった捜査にさらされる傾向が強い。

歴史的にそうした捜査が行われてきたことを反省し、被疑者・被告人には、国家権力の行きすぎから身を守るために、憲法によってさまざまな権利が保障されている。法律で定められた手続によらなければ、その生命、身体、自由を奪われたり、刑罰を科せられたりしない権利（適正手続の保障）や、裁判所が発行する令状がなければ、住んでいるところや持ち物について、侵入されたり、

[*4] 検察庁法4条
[*5] 刑事訴訟法31条1項。ところで「原則として」ということは、実は例外的に弁護士でなくても弁護人ができる場合がある（刑事訴訟法31条2項）。これを「特別弁護人」という。最近は福祉的支援が必要な被告人の支援計画を立てた福祉専門職が、弁護士資格のある弁護人に加えてこの特別弁護人として選ばれて、直接刑事裁判手続に参加する事例も出てきている。福祉専門職の新たなフィールドになり得る（『長崎新聞』2016年11月20日付「法定で「通訳」更生支援」）。

捜索されたり、押収されたりしない権利（令状主義）や、自分に不利なことを話さなくてもいい権利（黙秘権など）などである。そして、こうした権利を、国家権力に対して被疑者・被告人が一人で守り切ることは難しいので、とりわけ被告人については弁護人を選任する権利も憲法で保障されている。こうして憲法で保障されている権利があるからこそ、家族や支援者が警察に捕まっている人と面会しようとするといろいろな縛りがあるところ、弁護人であれば、被疑者といつでも、立会人なしに、無制限で接見することができる。

2　逮捕から裁判までの流れ

　テレビドラマやニュースなどで何か悪いことをした人が捕まると、「逮捕された」「送検された」「起訴された」といった表現が飛び交う。その言葉の意味がまったくわからない、ということはないと思うが、では「逮捕って無制限にできるの？」「保釈って何？」「容疑者と被告って何が違うの？」と聞かれると即答しづらいのではないだろうか。

　普段あまり意識はしないが、逮捕された瞬間から釈放されるまでの間、その手続や期間制限は法律で非常に厳しく定められている。福祉の世界の感覚からすると、ついていけないくらい非常にテンポよく進んでしまう。また、その手続がどのタイミングの手続であるかによって、刑事裁判関係者たちが考えていることはコロコロと変わるため、それを知らない専門職は、刑事裁判関係者の発言に翻弄されることになってしまう。そこで、逮捕されてから裁判になり、判決が出るまでのある程度の流れをつかんでおくことが大事になる。図1を見ながら確認しておこう。

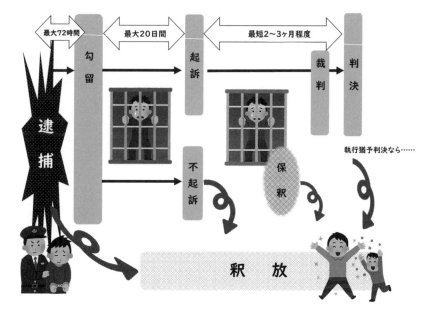

図1　逮捕から判決までの流れ

（1）逮捕〜勾留

　罪を犯したとされる人が発見されると、とりあえず逮捕されることが多い。「逮捕」とは、罪を犯したと疑われる人の身体を拘束する強制処分のことを言う。この逮捕には三つの種類がある。原則として、裁判官が発した「令状」に基づいて逮捕する通常逮捕[6]、目の前で犯罪が行われているのを目撃した人が犯人の身体を拘束する現行犯逮捕[7]、一定以上の重い罪を犯したと思われる場合で、令状を請求している時間的余裕がないときに、まず理由を告げて逮捕し、後日改めて裁判所から令状の発行を受ける緊急逮捕[8]である。ちなみに、現行犯逮捕は警察でなくても誰でもできるので、あなたも電車に乗っているときに目の前でスリが財布を抜き取ったのを目撃した際は、遠慮なく現行犯逮捕するこ

＊6　刑事訴訟法 199 条 1 項
＊7　刑事訴訟法 213 条
＊8　刑事訴訟法 210 条 1 項

とができる（もちろん身の安全には気をつけること）。

このように、犯罪の疑いをかけられ、捜査の対象になった人のことを「被疑者」と言う。あとで説明するが、自宅で生活しながらときどき取調べを受ける「在宅事件」の場合も、捕まってはいないが、捜査・取調べのターゲットになっているので「被疑者」だ。テレビや新聞で言うところの「容疑者」にあたる人だが、刑事裁判の実際では「容疑者」とは言わず、「被疑者」と言う。警察署からの電話で「被疑者」と言われたら、「今、取調べ中の人なのだな」と思ってほしい。

「逮捕された」と言われると、いつまでも警察署に捕まったままのイメージがあるかもしれない。しかし実は、「逮捕」とは、捕まえた被疑者を警察署に短期間留めおくだけの手続だ。それよりももっと長く捕まえておきたいときは、「長期間捕まえておくこと」すなわち「勾留」という別の手続になり、裁判所の発行する令状が改めて必要になる[*9]。この令状は、逮捕から原則として48時間以内（最大で72時間以内）に発行を受けなければならない[*10]。時間オーバーになったら問答無用で被疑者は釈放になる。

逮捕のあと、絶対に勾留しなければならないというわけではない。勾留は、国家権力が個人の自由を強烈に奪う処分なので、できる条件も限られている。「悪いことをしてそうだから」だけでは勾留できないのである。自宅に家族がいるし、勤め先もはっきりしているし、逃亡も証拠隠滅もしなそうだな、という場合などは、逮捕後すぐに釈放して在宅のまま取調べをすることもある。自宅で生活しながら学校へ行ったり仕事へ行ったり、これまで通りの生活をしてもらいつつ、ときどき警察署や検察庁に呼出をして、取調べるのだ。このような事件を「在宅事件」と呼んだりする。この場合は、国家権力が身体拘束をしているわけではなく、急ぐ必要がないので、起訴するまでの期間制限は法律上

[*9]　ちなみに、同じ「こうりゅう」という読み方で「拘留」という強制処分もあるが、こちらは裁判を経て判決で科される刑罰の一種である。1日以上30日以内の期間で受刑者を刑事施設に収容する刑罰なのだが、ほとんど使われていない。ワープロソフトではなぜか「拘留」のほうが先に出てくることが多い気がするが、ほとんど使わない。警察から「こうりゅう」と言われたら、きちんと「勾留」と書くようにしたい。

[*10]　刑事訴訟法203条1項、204条1項、205条1項・2項。

はない。このため起訴されるまでの期間が半年以上に及ぶこともある。おかげ
で、在宅事件は「忘れた頃に起訴状がくる」ということがよくある。

（2）勾留～起訴
手続の流れ

逮捕が被疑者を短期間留めおく手続だとすれば、勾留は長期間留めおく手続
である。しかし、長期間といっても無制限ではなく、これも期間制限が決まっ
ている。1回の勾留で被疑者を捕まえておける期間は10日間[*11]で、1回だけ、
さらに10日を上限に延長することができる。つまり、最大20日間は勾留で
きる[*12]。この20日間に、検察官はその被疑者を裁判にかける（起訴する）か、
起訴をあきらめて釈放する（不起訴）かを決めなければならない。この20日間
には、当然土日祝日も含まれる。期末が土日であれば、それよりは早めに処分
が決まることが多い。

捜査の結果、「被疑者は正式な裁判を受けて刑罰を科されるべきだ」と検察
官が判断すると、起訴される。起訴されると、「被疑者」という呼び名は「被
告人」に変わる。報道用語でいうところの「被告」である。これもまた、刑事
裁判の関係者は「被告人」としか言わないので、注意が必要である。

検察官が考えていること

実は、被疑者が犯罪をしたことが明らかであっても、検察官はなにがなんで
も絶対に起訴しなければならないわけではない。検察官は、犯人の性格、年齢
及び境遇、犯罪の軽重及び情状並びに犯罪後の情況により、「起訴するほどで
はないかも……」と思ったら、起訴しないことができるのである[*13]。この権
限があるため、被疑者が明らかに万引きをしていても、「この人は福祉サービ
スを利用したらもう万引きをしなくなるのではないか」と検察官が確信を持て
たときには、起訴せずに釈放し、社会内で様子を見たくなるのである。取調べ

---

* 11　刑事訴訟法208条1項
* 12　刑事訴訟法208条2項
* 13　刑事訴訟法248条

をしていて、自分の家の住所を答えるのもおぼつかない被疑者を目の前にすると、刑務所に行かせるのは忍びなくなってしまうのが人情というものであろう。

　また、起訴するかどうかの判断に加えて、被疑者の勾留を 10 日でやめて起訴するのか、延長の請求をするのかといった判断をするのも、検察官である。警察とやりとりしていると、警察の目算で「だいたい 10 日くらいで釈放されるから」「起訴されずに釈放されるだろうから」といった案内をされることがある。しかし、その裏で検察官が全然違う見立てをしていることも少なくない。ここがズレていると、関係者はあとで痛い目にあう。これを避けるには、検察庁に直接確認するか、警察の担当者に「検察官と打合せした結果ですか」と聞いたほうがよいだろう。

弁護人が考えていること

　弁護人は、何よりもまず被疑者・被告人に憲法上保障された権利を守ることを使命としている。その使命は、7 割くらいの場面で支援する専門職と同じ方向性となるのであまり問題にならないが、残りの 3 割では、ちょっと違和感を覚える場面も出てしまうようだ。

　たとえば、警察に捕まっている被疑者を専門職の視点から見ると、「悪さをしたのであれば、しばらく捕まって頭を冷やせばいい」と思うところである。しかし、弁護人にとって被疑者・被告人は、「国家権力による強制的拘束の状況から一刻も早く解放しなければならない存在」である。また、起訴され、刑事裁判を受け、有罪判決を言い渡されてそれが確定するまでの間は、被疑者・被告人は「推定無罪」である。たとえ本人が一貫して自白していても、弁護人は有罪判決が確定するまで「推定無罪」の前提で考える。このため、建前上、「この人が罪を犯した」という前提を共有することが難しいこともある。とにかく釈放しようとする弁護人と、しばらくお灸をすえてほしい専門職との間で不協和音が発生することがあるが、それはそれぞれの職責の違いからくるもので、ある程度やむを得ないということを理解する必要がある。

　逮捕された被疑者に知的障害や認知症が疑われる場合、弁護人も、被疑者が暮らす地域の相談支援機関に連絡を取ろうとする場合がある。弁護人としても、検察官に起訴されずに釈放されることを目指すので、検察官を説得するために

環境調整に動くことがある。起訴される前は、最大20日間の勾留の期間制限のなかで、多少不十分でも環境が整いつつあることを検察官にアピールする必要がある。このため、弁護人から連絡が来た場合も、暫定的でもなんでもいいので、釈放されたあとの支援の見通しを早期に示すことが求められる。

(3) 起訴〜保釈〜裁判
手続の流れ

起訴されると、やってしまった犯罪が一つではなく、いくつもあるような場合はその余罪でもう一度逮捕され、勾留の手続が始まる。そこから起算して最大20日間、勾留されることになる。

余罪がない場合は、起訴から裁判までは被告人は「裁判待ち」の状態になる。起訴から初公判まで、その裁判所の裁判の混み具合にもよるが、だいたい1ヶ月半〜2ヶ月程度かかる。初公判の日は、裁判所と、検察官と、弁護人の予定に合わせて決定される。弁護人が忙しい方だと、なかなか日程が決まらないことも多い。

保釈

裁判を待っているだけならもう釈放すればいいじゃないか、と思うだろう。そこで、起訴されたあとは「保釈」という手続を請求することができるようになる。保釈とは、被告人の勾留を「とりあえず」解除する手続である。申込んだら誰でも釈放してもらえるかというとそうではなく、それなりに厳しい条件が立ちはだかる。

まず、刑事訴訟法89条各号に、「保釈してはならない場合」が定められているので、これに該当してはならない。よく問題になるのが、「証拠隠滅のおそれがある」「住所不定なのでどこに行くかわからない」「証人を脅すおそれがある」という条件である。

これらの条件をクリアし、さらに裁判所が決めるお金を納めなければならない。これが一般に「保釈金」（正確には保証金）と言われるお金である[*14]。芸能人が覚せい剤取締法違反などで逮捕されたときも、起訴された段階で保釈されることがあるだろう。その際、「保釈金は500万円です」といった報道がされ

るのを聞いたことがあるかもしれない。日産の元会長カルロス・ゴーン氏の保釈金が 10 億円だったのは記憶に新しい。

　このお金は、裁判が終了するまで何事もなければ被告人のもとへ返ってくるが、保釈中に逃げてしまったり、新たな罪を犯すなどの事情があると、裁判所に没収（正確には没取と言う）されてしまう。また、あたりまえのことながら、このお金は一括で払えないと保釈は認められない。たださすがに誰でも 10 億円を用意できるわけではない。被告人にとって、没収されるとダメージを受ける程度の金額を裁判所が判断して、それぞれの事情に応じて決める。とは言え、どのような犯罪であっても、その最低ラインとして 150 万円程度は覚悟しなければならない。「この被告人は生活保護利用者だから、保証金は 10 万円」というわけにはいかないのである。これが支払えない場合は、判決が出るまでは勾留されたままということになる。

　高齢者・障害者の更生支援の場面では、本人にそこまでの現金の持ち合わせがなく、また、親族との関係もそれだけの大金をすぐに借り入れできるほど良好ではない場合が多い。このため、残念ながら保証金が用意できずに保釈請求できない場合が少なくない。

検察官が考えていること

　検察官がいろいろな証拠と被疑者の状況を検討した結果、起訴する、と判断したとしよう。そこから先は、検察官はその被疑者を有罪にすることを考えて裁判に臨むことになる。逮捕から起訴までの間は、「なんとか起訴せずに社会内で更生させられないか」と考えて熱心に連絡をとっていた場合でも、起訴すると急に冷たく感じることがあるが、それは起訴した以上は有罪を目指すことになるためである。さらに、ある程度規模の大きい都市部の検察庁の場合、捜査をしていた検察官と裁判を担当する検察官は別人になる。担当する部署が変わるのだ。このため、余計にそれまでのやりとりが通じないと感じてしまう。

＊ 14　刑事訴訟法 94 条 1 項

弁護人が考えていること

起訴前の検察官向けのアピールが上手くいかず、起訴されてしまうと、弁護人としてはその後、判決の量刑に影響を及ぼすため、裁判官に向けたアピールをすることになる。検察官と違い、ここからいよいよ弁護人の本領発揮となる。

専門職が起訴前の検察官に対する交渉において提出する支援計画は、時間も十分にないのである程度暫定的な質になってもやむを得ない。しかし裁判官にアピールをするということは、支援を調整するだけでは足りず、それをプランとしてきちんと言語化し、書面にまとめて「証拠」として裁判官に提出する必要がある。このため、弁護人からの要求のレベルも急に上がる。場合によっては、情状証人として専門職の出廷を求められることもある。起訴される前と後では、必要とされる支援計画の精度が大きく変わる点に注意する必要がある。

(4) 裁判〜判決

裁判にかかる罪の数が一つである場合は、裁判は1回で終わることが多い。つまり、起訴から1ヶ月半〜2ヶ月後に予定される裁判の日までに、被告人が地域に帰ってきた場合の支援計画を描き、必要であれば証拠として裁判官に提出することを求められる。被告人がいくつも罪を犯しており、あとからあとから起訴されるような状況であれば、捜査がすべて終わるまで裁判は大きく進行しない。

最後の裁判から判決までの期間は、2週間〜1ヶ月の間で、裁判所と検察官と弁護人のスケジュールが合うところに裁判が入る。

判決で執行猶予がつくと、判決の読み上げが終了した時点で被告人は釈放される。保釈されず、判決まで勾留されていた場合は、いったん勾留されていた場所へ戻り、荷物をまとめてから釈放されることが多い。

相談支援の処「法」箋：無理難題にどう応える？

1　警察・検察官から電話がかかってきたときの確認ポイント

　高齢社会が進んでいくと、《事例》のように、警察から電話がかかってくることは今後ますます増えるだろう。これまで、役所の生活保護担当部署であれば、こうした場面は頻繁にあったと思われるが、今後、「断らない相談支援」を掲げて相談機関を整備していけば、生活保護利用者以外の住民については、そうした相談機関が窓口になるだろう。警察も、高齢者や軽い知的障害がある人による万引きや無銭飲食が発生した際にその受け皿探しを担ってきたが、検察庁も「刑罰ではなく、福祉的支援を整えて社会内更生を」という方向へ舵を切っていることから、今後は検察官から連絡がくることもあり得る。

　そうした場合でもあわてずに支援計画を立てるため、警察等から電話がかかってきた際には以下の点を確認しておきたい。

　　　① 今、手続のどの段階なのか
　　　② 勾留満期（勾留期間が終わる日）はいつか
　　　③釈放される見込み

　①の質問で、逮捕されているだけなのか、勾留までされて拘束が長期化しそうなのかがわかる。②では、最も釈放される可能性が高い勾留満期を知ることができる。ここで警察は「もう1回勾留されると思うから急がなくていい」と言うことがあるが、これも検察官がどのように考えているかによるので、鵜呑みにするのは少々危険である。そこで、③釈放の見込みを聞くとともに、検察官とどのような打ち合わせをしているか聞けるとよい。

2 「無理なものは無理」と言っていい

　《事例》のＡさんや地域包括支援センターにとって、Ｂさんは警察からの連絡があって初めて名前を聞く人であった。そのような人について支援計画を立てる場合は、通常、本人と面談をし、家族と面談をし、主治医に介護保険の診断書を書いてもらい、いろいろな情報を時間をかけて集めなければならない。そうした情報に基づきアセスメントして、必要な支援を検討していくことになるだろう。しかし、《事例》に挙げたように、警察署に勾留されてしまうと、自由に会うこともできないし、情報収集にもかなりの制限がかかる。そのような制限された状況であるうえに、見通しを立てるために与えられた時間は非常にわずかである。

　警察署や弁護人、検察庁から支援を依頼されたからといって、絶対に応じなければならないわけではない。ここで無理をして不十分な情報でアセスメントしても、釈放後すぐに見直しを迫られることになる。特に、検察庁または弁護人からの依頼で支援計画やケアプランを立てる場合は、専門職のこれまでの実務感覚と照らし合わせて本当に実現できるプランが立てられるのか、冷静に考えることが必要だ。弁護人や検察庁の求めに応じて作成して渡すと、「そこに書かれている支援が実行されるはずだ」ということを示す証拠として検察官や裁判官に提出される。ここで無理をして、暫定的で実現可能性があまりないケアプランが提出されると、検察官や裁判官の判断の前提が狂ってしまう。また、被疑者・被告人本人が釈放されたあとの地域生活のスタートもつまずいてしまうだろう。

　このため、刑事手続に提出する支援計画やケアプランを作成する場合は、その時点で可能な限り収集できる情報に基づき、正直な計画を立てることを心掛けるとよい。

3 罪を軽くするための支援ではない

「なぜ悪いことをした人の支援をしなければならないのか」。
「私たちが支援をすることで、刑が軽くなるのはおかしいと思う」。

私が、法律相談を聞きながら更生支援をしていたときに、現場の専門職からよく聞いた意見である。私は、これはもっともなことだと思う。ただ、刑事手続の登場人物たちが福祉的支援を求める目的は、「あるべき刑罰を軽くするため」ではない、ということはどうかわかってほしい。

　たとえば、逮捕・勾留をきっかけに、その人の生活を困難にさせていること（障害、認知症、財産管理能力、親の介護と子育てのダブルケアなど）が外部に初めて明らかになることは実際多い。その人を犯罪に走らせたものが、そうした支援の希薄さによるものだったとしたら、本来受けられたはずの支援を受けることで社会内で更生できたほうが本人にとっても社会にとってもメリットが大きい。刑事手続の関係者たちは、そうした思いで被疑者・被告人への福祉的支援を求めている。

　また、《事例》のBさんについては、もし警察も弁護人も誰もBさんの認知症に気づかなかった場合、Bさんはただの「万引きや無銭飲食をくり返すとんでもない悪質なおばあさん」として審理されることになる。しかし、実際Bさんには認知症があり、その症状に家族も含めて誰も気づけなかったために、万引き行為や無銭飲食に至ってしまっている、という事情が伝われば、「性懲りもない万引き犯」とは異なる評価になりそうではないか。このように、裁判の場に支援の計画を見せる、ということは、その被告人が釈放されたあとの暮らしをありのままに見せ、それに従って裁判官に判断してもらうという、ある種あたりまえのことをしているに過ぎない。Bさんに対して下される刑罰を、ことさらに軽くしようとしているわけではないのである。

4　家族から「逮捕された」という相談がきたときは
──当番弁護制度

　《事例》では、Bさんを取調べていた警察から連絡がきた。しかしこれが、Bさんと一緒に暮らしているCさんからの、「私の妻が警察に捕まった」という相談だったらどうすればいいだろうか。もしAさんと地域包括支援センターが、Bさんの支援に長く入っていた場合には、そうしたことも考えられる。

　その場合、AさんはCさんに、「Bさんの弁護をする弁護士は決まっていま

すか」と確認する必要がある。通常、勾留の段階に入れば国選弁護人が裁判所によって選ばれる。しかし、逮捕から勾留までの段階であったり、勾留のときに弁護人を選びたいかどうかの意思表示を裁判官に対してきちんとできなかったりする場合（本人に知的障害や場面緘黙、認知症がある場合には想定される）には、弁護人を選んでもらえない可能性もある。また、裁判所が選ぶ場合は、被疑者・被告人には弁護人を選ぶことはできない。待機名簿に従って派遣されてきた弁護士にお願いするしかない。そこで、家族に資金がある場合は、国選ではなく私選で、自分の好きな弁護士をつけることも可能である。いずれにせよ、取調べは始まっているので、一刻も早く弁護人が選任される必要がある。

　もし、Ｃさんに確認して弁護人の選任についてピンと来ていない様子であれば、地域の弁護士会に電話をかけて、当番弁護士を呼ぶよう必ずアドバイスしてほしい。当番弁護士とは、電話一本で一度だけ弁護士が無料で接見に駆けつけてくれる制度で、すべての都道府県で整備されている。「●●県　当番弁護士」で検索をすれば、住んでいる都道府県の弁護士会の当番弁護相談電話の電話番号が調べられる。

　駆けつけた弁護士に私選弁護を依頼してもよいし、それだけのお金がなければ当番弁護士の指示に従って国選弁護人を選任するとよい。注意しなければならないのは、無料で駆けつけてくれるのは１回だけなので、そのチャンスを逃して「弁護士は要りません」と答えてしまうと、あとは有料で呼ぶしかなくなってしまう。

自治体ワンポイント④　なぜ更生支援を自治体でやらなければならないのか

基本的人権としての生存権

　これまで、罪を犯した人の支援は、もっぱら保護観察所や鑑別所などを中心として、国が行ってきた。このため、自治体があえて前科のある人の支援をする、という位置づけにはなってこなかった。とはいえ、人が人である以上、あたりまえに保障される基本的人権として生存権（憲法25条1項）があり、その最前線を支えているのが自治体である。最も顕著に表れるのが生活保護行政だろう。そうすると、申請者に前科があるというだけで、生活保護の開始決定を拒否するということは当然許されない。

　生活保護に限らない。介護保険サービスにしても、障害福祉サービスにしても、生存権を保障しているという側面は存在するため、前科があるというだけで断ることはできない。また、ケース7の《事例》で挙げたように、まだ刑事裁判の判決が出る前の段階であっても、申請意思が被疑者・被告人にある以上は、自治体がこれを拒否することはできない。

　このように、積極的に罪を犯した人を支援することはなくても、結果的に申請者に前科があったり、現在捕まっていたりすることはあり得るし、そうした人の申請を断らない、という意味では、自治体にとってそれほど特異なことではない。

再犯の防止の推進に関する法律

　さらに、2016年12月に再犯の防止の推進に関する法律（以下、再犯防止推進法）が成立した。この法律は、「犯罪をした者等」の円滑な社会復帰を促進することの再犯防止政策における重要性にかんがみ、再犯防止に向けた国と地方公共団体の責務を定めるなどの再犯防止施策の基本方針を示している。ここで自治体と関連する点について挙げると、犯罪をした者のうち高齢者、障害者については、必要に応じて適切な保健福祉サービスを提供するよう必要な施策を講ず

るとされている（17条）。一次的には国の責務とされているものの、地域の状況に応じて地方公共団体も国の施策に協力するよう求められている（24条）。また、その他の施策に関する部分も含め、自治体には地方再犯防止推進計画の策定が努力義務として求められている（8条）。このほかの条文も含め、「犯罪をした者等」への支援は、自治体や民間事業者も含め、社会全体で支えるべきことがらになりつつある。

地域生活定着支援センター

　再犯防止推進法が制定される前から、主に刑務所から出所する際に、復帰した先の地域での福祉的支援を調整するため、平成21（2009）年度から厚生労働省において地域生活定着支援事業（現在は地域生活定着促進事業）が実施されている。この事業により、すべての都道府県には、「地域生活定着支援センター」が設置されており、出所者の環境調整に向けた活動を行っている。

　読者のなかには、このセンターからの依頼で、出所者の受け入れの要請を受けたことがある人もいるのではないだろうか。地域生活定着支援センターの仕事は、①コーディネート業務（福祉サービスに係るニーズの内容の確認等を行い、受け入れ先施設等のあっせんまたは福祉サービスに係る申請支援等を行う）、②フォローアップ業務（矯正施設から退所したあと、コーディネート業務を経て社会福祉施設等を利用している人に関して、本人を受け入れた施設等に対して必要な助言等を行う）がメインなので、支援を依頼される場面のほうが多いかもしれない。ただ、もう一つ、③相談支援業務（懲役若しくは禁錮の刑の執行を受け、または保護処分を受けた後、矯正施設から退所した人の福祉サービスの利用に関して、本人またはその関係者からの相談に応じて、助言その他必要な支援を行う）も実施しているので、自治体の職員や地域の支援者が対応に困ったときには、都道府県の地域生活定着支援センターへ相談してみるとよい。また、令和3（2021）年度からは、刑事裁判になる前の入口支援についても予算化されている。地域生活定着支援センターは、罪に問われた人への地域での支援の際に今後ますます頼れる存在になっていくだろう。

検討課題

　ここまで書いてきたように、これまで刑事司法と自治体行政とはそれほど密接に関連してきたわけではない。今後、連携して「犯罪をした者等」を地域ぐるみで支援し、社会の一員として迎え入れていくためにはいくつかの課題がある。

(1) 「犯歴」を含むセンシティブ情報の取扱いルール

　ケース7の《事例》のように、刑事裁判前の段階で支援を求められた場合でも、刑務所に服役していた者の出所後の支援を求められる場合でも、必ずついて回るのが本人の前科・前歴情報である。ことがらの性質上、どうしても取扱わざるを得ない情報だが、こうした犯歴情報は、個人情報保護法上、「本人の人種、信条、社会的身分、病歴、犯罪の経歴、犯罪により害を被った事実その他本人に対する不当な差別、偏見その他の不利益が生じないようにその取扱いに特に配慮を要するものとして政令で定める記述等が含まれる個人情報」に該当し、要配慮個人情報とされている[1]。

　各自治体における個人情報保護条例でも、取扱いに注意を要する個人情報として、一般的な個人情報とは異なる取扱いとしているものが多い。なかには、本人同意があっても自治体が犯歴情報を収集すること自体を禁じている条例もある。このように、法律や条例で、犯歴情報を過剰に「禁忌」としてしまっているため、実際の行政実務に支障を来たす場面も出てくることが考えられる。

　専門職が刑事司法機関から本人の犯歴情報を受け取れる状況にあったとして、その情報を今後の支援に向けて誰と、どのように共有するべきかも問題となる。前科の数が2ケタに及ぶような人の場合、そのすべてを今後支援していく事業者に伝えるべきなのか。伝えたとして、その情報は管理者のみにとどめておくべきなのか。こうした点も、今後考えていかなければならない[2]。

---

[1]　個人情報保護法2条3項
[2]　センシティブ情報の取扱い一般についてはケース1参照

（2）専門的支援スキルの共有

国は刑務所や保護観察所をはじめとして、薬物依存症や性加害行為への支援プログラムを研究し、受刑者に実施している。現在、そうしたプログラムは、あくまで服役中のものとして運用されており、外部の支援機関とそのノウハウが共有されることはあまりない。しかし、今後依存症傾向のある出所者を地域で支えていくためには、専門的支援スキルの共有をしなければ、対応することが難しいだろう。既存の介護保険や障害福祉サービスを通常通り使うだけで対応できる出所者ばかりではない。

（3）福祉専門職への法律に関する知識の提供

何ぶん、刑事裁判手続との連携が必要な場面であることから、その支援を行うにも多くの法的リスクが潜んでいる。この章で解説したことはそのうちのほんの一部であり、少し事例が違うとそれだけで別の法的課題が出てくる。示談を求められたらどうするのか、出所者を受け入れたら別の利用者に危害が加えられないだろうか、利用者が何か被害を被ったら管理者はどのような責任を負うのか、専門職が支援しているときに再犯していることを知ってしまったらどうしたらよいのか、などである。

そこで、自治体としても、地域の相談機関が困ったときにすぐに弁護士に法律相談ができるような体制づくりが求められる。弁護士会の多くは、名前は少しずつ違うが「高齢者・障害者支援委員会」を設置している。この委員会を通じて、地域福祉の顧問弁護士のように相談に乗ってもらえる弁護士を探すとよい。日弁連としても、高齢者や障害者の弁護士へのアクセス障害を解消するためには、高齢者や障害者の身近で本人の支援に携わっている福祉関係職との連携をはかることが重要だと考えていて、地域包括支援センターや障害者相談支援センター等の福祉関係機関との連携推進に取組んでいる[*3]。

[*3]　日弁連高齢者障害者権利支援センターウェブサイト
https://www.nichibenren.or.jp/activity/human/aged_shien.html
弁護士との連携の具体的方法についてはケース 10 参照

おひとり様の死後事務

《事例》

　Ａさん（80代男性）は、社会福祉法人Ｂが運営する特別養護老人ホームに入所している。妻は５年前に亡くなった。入居する際の身元保証人には、息子Ｃさんが名前を書いていたものの、一度もＡさんを訪れることはなかった。その代わり、姪のＤさんがＡさんの様子を見に来てくれていたが、次第に足が遠のき、Ａさんを訪ねてくる人は１年以上誰もいない状態だった。

　ある冬の寒い日、Ａさんは風邪をひいて高熱を出してしまった。Ｂから救急車で病院へ運ばれたものの、すでに肺炎を起こしていて厳しい状態だった。Ｂのスタッフたちは、万一のことを考え、まず息子のＣさんに電話をかけた。すると、電話番号が使われていないというアナウンスが流れてきた。スタッフたちは慌ててＣさんに手紙を送ったものの、今度は宛先不明で返ってきてしまった。そうこうしているうちにＡさんの容体は悪化の一途をたどり、ついに亡くなってしまった。スタッフはＡさんの葬儀や施設退去に関する手続をお願いするために、やむを得ずＤさんに電話をかけてみた。すると、Ｄさんは電話に出てくれた。ところが、Ｄさんにはこう断られてしまった。

　「２年前に娘夫婦に孫が生まれたのを機に同居を始めたんです。そしたら孫の世話が全部私のところへきてしまって大変だったものだから、Ａさんには申し訳ないけれど行けなくなってしまって。亡くなったんですか？　それは大変。でも、私は姪だし、息子のＣがいるじゃないですか。あの人がなんとかするのではないですか？　相続の権利も私にはないし、お葬式には出席しようと思いますけど、それ以上はちょっと……」

　無理もない話なのだが、では私たちはＡさんの葬儀をどうしたらいいんだ。そして、Ａさんの部屋にある遺品などの財産をどうすればいいのか。

ポイント：おひとり様の「葬儀」「財産」を地域社会でどう担うか

- おひとり様が亡くなったあとのお世話（葬儀や財産相続）にまつわるルールを解説
- 相続に関する法律は複雑で、かつおひとり様が亡くなるケースに法律が追いついていない部分もある
- 今後さらに増えることが予想されるおひとり様の死後事務に備え、サービスを提供することも、相談支援の重要な役割になってくる

　65歳以上の高齢者がいる世帯のうち、夫婦のみ、または高齢者独居の世帯の割合は過半数に及ぶ。21世紀が始まる2000年時点では約7300世帯（46.8％）だったところ、2018年には約15000世帯（59.7％）にのぼる[*1]。もちろん、こうした夫婦のみ、あるいは独居世帯のすべてに身寄りがないというわけではない。しかし、今後少子化の影響が徐々に現れ、子どものいない世帯や、子どもが親とのかかわりを拒んでいるケースが増えていくことは間違いない。そうすると、身寄りのない高齢者が生活している間の支援をどのように考えるのかも大切なのだが、高齢者が不幸にして亡くなったときの葬儀やお墓、そして生前に持っていた財産をどうすればいいか、という点が問題になる。

　一般的には、亡くなった人には遺された親族がいて、その親族が相続手続をすることになる。民法は、そのような流れを当然のものと思ってつくられている。しかし、そういった相続手続の世話をしてくれるはずの親族が、「もう縁を切ったのだから放っておいて！」と言ってかかわりを拒否したり、あるいはどこにいるのかさえさっぱりわからなかったりする場面は、これからどんどん増えるだろう。そうした場合、葬儀も、財産の引き継ぎも、地域社会が負担して処理しなければならない。地域社会で手に負えない場合は、最終的に自治体が対応せざるを得ない。

＊1　内閣府（2020）『高齢社会白書〈令和2年版〉』第1章第1節3「家族と世帯」。

さらに、ただでさえ人が亡くなる瞬間は、相続に限らず法律的に解決すべき論点がたくさん出てきてややこしい。それが身寄りがない人、となると、余計に法的専門性が求められる。このように言うと、「おひとり様の高齢者はややこしい」というイメージが先に立ち、入居、入所その他のサービス提供からおひとり様の高齢者が排除されてしまうことが少し心配になってくる。しかし、そのような理由で排除するのは、福祉が本来担うべき役割を考えたときに適切と言えるだろうか。そして、おそらくそのようなことを言っていられない勢いでおひとり様の高齢者は今後ますます増えていくはずだ。そんなおひとり様の高齢者が亡くなったあとに備え、まわりの人々が大変なことにならないように、本人が元気なうちから地域住民とコミュニケーションを取ったり、気軽に相談できる弁護士を探し、日頃から密な関係性を構築したりすることも、相談支援の重要な役割になってくるだろう。もしこのケースを読んで「ややこしいな」と感じたら、気軽に相談できる弁護士を探すことをおすすめしたい。弁護士の探し方については、ケース 10 を参照してほしい。

　冒頭の《事例》は、特別養護老人ホームで亡くなった高齢者を想定しているので、社会福祉法人Ｂの職員たちが何やら大変なことになっている。これが市民後見制度を利用して生活していた方であれば市民後見人やその後見監督人が、民間の賃貸住宅で生活をしていた方であれば大家さんが、公営住宅で生活していた方や上記にあてはまらない方であれば自治体が、それぞれＢの職員たちと同じ問題に直面することになる。

法律解説：亡くなったあとのお世話を誰もしてくれないときのルール

1　どうするお葬式

（1）誰がお葬式を出すのか

　普通、人が亡くなると、その人の親族が喪主を務めてお葬式を行い、斎場へ運んで火葬、埋葬する。しかしそこまでの段取りをしてくれる親族がいない場合、ご遺体はどうすればいいかについては、墓地、埋葬等に関する法律（以下、

墓埋法）や、行旅病人及行旅死亡人取扱法（以下、行旅病人法）、生活保護法に定められている。

「死体の埋葬又は火葬を行う者がないとき又は判明しないとき[*2]」とか、「死者に対しその葬祭を行う扶養義務者がいない場合[*3]」について、法律は、誰がお金を出して火葬までするのかを決めている。大きく分けて、①親切な第三者（家主・自治会長・民生児童委員など）がやってくれる場合と、②親切な第三者もいない場合とがある。

ちなみに、市民後見人として就いていた成年被後見人等がお亡くなりになると、原則として市民後見人の職務はそこで終了となり、お葬式は親族等がすることが多い。ただ、成年被後見人に親族がいなかったり連絡が取れなかったりすると、すぐにお葬式をしてくれる人が見つからず、困った病院は市民後見人を頼るしかなくなる。そのような場合、成年後見人の死後事務として、それまで後見事務を監督してくれていた家庭裁判所の許可を得ることで、法的根拠をもってご遺体を引き取り、火葬または埋葬に関する契約をすることができる[*4]。つまり、市民後見人がいる場合は、「死体の埋葬又は火葬を行う者がないとき又は判明しないとき」にあたらず、市民後見人がそれまで管理していた本人の財産の範囲のなかでお葬式を出す、ということになる。

(2) 親切な第三者にやってもらえる場合

地域で身寄りのない方が亡くなり、お葬式をしなければならないとき、それまで住んでいた賃貸物件の家主や自治会長、一番多いのは民生委員の方が執り行ってくれることがある。当然、親切な第三者が自分のポケットマネーでするわけではない。法律的には生活保護法に基づく葬祭扶助が実施される。

この場合、どのように費用がまかなわれるかというと、①亡くなった人が残したお金や有価証券（株式など）を充て、それでも不足する場合は②亡くなった人が残した物品を売却して充て、それでも不足する場合は③保護費（国費）

---

* 2　墓埋法9条1項
* 3　生活保護法18条2項
* 4　民法873条の2第3号

という順番になる*5。

(3) 親切な第三者がいない場合

では、民生委員と接触したことがなく、自治会にコミットすることもなく、地域に知り合いがいなかった方が亡くなった場合はどうなるだろうか。

このように、「死体の埋葬又は火葬を行う者がないとき又は判明しないとき」は、その人がお亡くなりになった土地の自治体が、埋葬や火葬をしなければならないことが法律で決められている*6。だからと言って、「おお、病院や介護施設が患者・入所者の家族を把握できずにどこに相続人がいるかわからない場合は、全部自治体がお葬式をやってくれるのね」と安易に考えてはならない。原則として、わかっている相続人（親族）に相談し、それでもダメなら自治体に相談する。自治体は、戸籍関係を調査して、亡くなった人に本当に身寄りがないのか、ある程度調べることができる。そのなかで、新しく判明した親族がいれば、連絡してご本人が亡くなったことをお伝えする。そうした努力を重ねたうえで、誰もお葬式をしてくれる人がいない、となったときにはじめて自治体の負担で火葬することになる。

ここから先は自治体の事務の話になるので、「自治体ワンポイント⑤」を参照してほしい。

2　どうする遺品

(1) 一般的にはどうなるのか

ご本人は無事に火葬まで済んだものの、それまで住んでいた自宅や施設、病院には、亡くなった本人の遺品が残されたままだ。はからずも、亡くなった人の持ち物を預かっている状態になってしまっただけで、べつに横領してやろうと思って他人の物を持っているわけではないので、何もやましいことはしてい

＊5　生活保護法76条1項
＊6　墓埋法9条1項

ない。しかし、もはや入所者、患者、入居者ではなくなった人の物をいつまで
も持っておくわけにはいかない。施設や賃貸住宅であれば、明け渡してもらっ
て次の契約者に利用してもらいたいと思うだろう。

　まず、亡くなった人に相続人がいるという通常の場面でどうするべきかとい
う原則を押さえておこう。

　亡くなった人の持ち物は、その人が亡くなった瞬間に相続財産となり、相続
が始まる。「亡くなった太郎さんの持ち物」から、「亡くなった太郎さんの相続
人みんなの持ち物」となる。

　相続とは、亡くなった人の財産上の権利や義務を、その近親者が引き継ぐこ
とだ。この「近親者」を相続人という。人が亡くなったことにまつわる法律相
談を聞いていると頻繁に出てくる質問が、「お亡くなりになった人の相続人は
誰ですか」というものだ。誰にでも関係あることなので、これを機に覚えてお
くのもいいだろう。

　　相続人になることができるのは、
●亡くなった人の配偶者
●亡くなった人と法律上血のつながりがある人
　第1位　亡くなった人の子ども
　第2位　亡くなった人の親（直系尊属）
　第3位　亡くなった人の兄弟姉妹

　まず、亡くなった人の配偶者は必ず相続人になる。血族相続人の場合は上記
の通り順番があり、一番順位が高いグループの者だけが相続人になる。たとえ
ば亡くなった人に子どもがいれば子どもが相続をし、亡くなった人の親や兄弟
姉妹に相続する権利は原則として生じない。

　亡くなったあと、誰も何もせずに勝手に財産が名義変更され、相続人に引き
継がれるのであれば簡単だ。しかし実際は、相続人が話し合って、亡くなった
人の財産につき、誰が、どの財産を、どのような形で引き継ぐか、具体的な方
法について相談しなければ決まらない。この話し合いを遺産分割協議と言う。
遺品を預かってしまった人は、遺産分割協議が終わっていない段階で、誰か知っ

ている相続人に無防備に相続財産を引き継ぐわけにはいかない。ただ、遺産分割協議がまとまるのを待っていると何年も時間がかかってしまう。このため、とりあえず相続人で話し合い、遺産分割協議が終わるまでの間に代表して相続財産を管理する人を決めてもらい、その人に遺品を整理してもらう。

　これが本来の引き継ぎ方法である。お葬式を執り行ってくれる親族がいるような場合は、基本的にこの方法で引き継ぐことになる。

(2) 部屋に残された荷物をどうするか

　ところが、身寄りがない、またはいてもかかわりを拒否されてお葬式も出せないケースでは、相続財産の受け取りを誰からも拒否されることが考えられる。行きがかり上亡くなった人の遺品を預かってしまった者にとっては大ピンチである。

　このような場合、亡くなった人の火葬・埋葬をしてくれたのが親切な第三者もしくは自治体である場合も、そのまま放っておくと保管費用がかさんでコストパフォーマンスが悪ければ売却、処分することができる*7。たとえば、残っている家財道具を、遺産分割協議のめどがつくまでトランクルームで保管するとして、年間の保管料が仮に12万円（1万円／月）かかるとする一方で、リサイクルショップに売ると3万円程度にしかならないような場合、保管すればするほど損である。このような場合は売却・廃棄しても構わない、ということだ。一般論ではあるが、このテーマで悩む場合の大多数は、高齢者が長年使ってきた荷物の処分だろう。売って値段がつく物があるほうがまれだ。たとえばアンティークの家具や、買ったばかりの新しい自動車といった、誰がどう見ても売れば必ず高価な値がつくだろうと思われるような物でない限りは、基本的には処分して差し支えない。

　ちなみに、遺品を預かっているのが市民後見人である場合は、これまた家庭裁判所の許可を得て処分することができる*8。

---

　*7　墓埋法9条2項、行旅病人法12条、生活保護法76条、生活保護法施行規則22条3項

(3) 現金・預貯金をどうするか

　物は売るなり廃棄するなりすればよいとしても、売って得られた現金や、もともと亡くなった人が持っていた現金・預貯金などの「お金」そのものについてはどうすればよいだろうか。遺品と違って場所は取らないとは言え、他人のお金をいつまでも持っておくことは適切ではない。もし預かっている最中に紛失したり、計算が合わなかったり、不適切な管理を疑われるようなことが発生すると、あとで相続人などと紛争になってしまうリスクがある。

　どうしても相続人に引き継げない場合には、家庭裁判所に、法律上権限を持って相続財産を管理する人（相続財産管理人）を選んでもらうことができる[*9]。親切な第三者にお願いして生活保護法の葬祭扶助を使って葬儀をした場合も、葬儀のあとに残った財産がある場合は、相続財産管理人をすぐに選んでもらうように定められている[*10]。これは、判断能力が衰えた市民について、成年後見人等を選んでもらうよう、家庭裁判所に申立をするのに似ている。生存している市民の財産を管理してもらうために選ぶのが成年後見人であるのに対し、亡くなった人の財産が、民法に従ってきちんと引き継がれるようにするために選ぶのが相続財産管理人である。この点、預かっているのが市民後見人の場合も、最後に残った現金・預貯金は誰かに引き継がなければならない点では同じだ。このため、相続財産が多い場合は、同じように相続財産管理人を選任してもらう申立をする必要がある。

　相続財産管理人が選ばれたら、遺された現金や預貯金をこの人へ引き渡せば、自治体や葬儀をした第三者は、亡くなった人の財産を預かるプレッシャーから解放されることになる。

＊8　民法873条の2第3号
＊9　民法918条2項。相続人がいないことが戸籍調査等で確定している場合は民法952条1項。
＊10　生活保護法施行規則22条2項

3 それほどお金が残っていない場合

さて、相続財産管理人を選んでもらい、お金を引き渡したら全部解決すると
お金を預かっている人は思うだろう。ところがこの制度には、大きな落とし穴
がある。なんと、申立をする際に家庭裁判所に納めるお金（予納金）がかなり
かかるのである。地域によっても異なるようだが、平均的には50万円程度を
納めなければならない。もし遺された相続財産が50万円以上あれば、あとで
相続財産管理人からこのお金は返してもらえるが、それ以下しか残っていない
ときには申立をする側の持ち出しになってしまう。しかも、手元の現金が50
万円未満の状態でお亡くなりになるという事態はそれなりに存在する。これは、
最後に相続財産を預かるのが自治体であれ、市民後見人であれ、民生委員であ
れ、同じように頭を悩ませるのではないだろうか。

実は、法律的にこのような場面はあまり想定しておらず、きれいに解決でき
る仕組みがあるとは言いづらい状況だ。ただ、高齢社会が深化し続けるなかで、
徐々にこの問題が知られるようになってきた。そこで一つの方法として考えら
れるのが「供託」という制度だ[*11]。

供託とは、「本当は払わなければならない義務（債務）があるのに、相手（債
権者）がなんらかの事情で受け取ってくれない。だからといって払わずに放っ
ておいても自分（債務者）の債務が消えるわけではないので、代わりに国（法
務局）に払うことで債務から解放してもらう」という制度だ。たとえば地主に
地代3万円を毎月納めていたのに、ある日突然地主が「来月から倍の6万円
を持ってこい。でないと私は受け取らない」と言い出したときに使う。地主に
対していつも通り3万円を持っていってもどうせ受け取ってくれない。かと
いって、まったく払わないというのも借主が契約違反になってしまう。そこで、
国の機関である法務局に対し、とりあえず3万円を払ってその月の地代を支払
う義務は実行したことにするのである。

この制度を今回のケースにあてはめると、亡くなった人のお金を預かってい

---

*11　民法494条1項1号

る人（自治体、民生委員、自治会長など）は相続人の代表者へお金を渡す義務（債務）がある。ところが、どこにいるかわからなかったり、受取りを拒否したりしているために渡すことができない。このため、代わりに法務局へ納めることで債務から解放してもらうのだ。あまり聞いたことがない方法かもしれないが、国もこのような場合は供託によって解決すべきと考えているようである[*12]。また、令和2 (2020) 年の生活保護法施行規則の改正により、「（予納金が高すぎるなど）相続財産管理人の選任申立が難しい場合は供託できるよ」とはっきりと定められた[*13]。

相談支援の処「法」箋：遺言書作成でリスクを避けよう

1 Aさんの相続人は誰？

社会福祉法人Bは、Aさんのご遺体の引き取りと遺品整理をなんとかしなければならない。基本に従うと、まずAさんの相続人にご連絡することになる。では、《事例》の登場人物のうち、判明している相続人は誰か。

まず、息子のCさんが相続人にあたることは間違いないだろう。問題は、最初まめに面会に来てくれていた、姪のDさんは相続人にあたるかという点だ。

「2 (1)」で示したルールによると、まず配偶者が相続人になる。ただ、Aさんの配偶者はすでに亡くなっているので、ここでは関係がない。次に血族のうち誰が相続人になるか、であるが、まず第1順位が亡くなった人の子である。これがCさんだ。連絡がつかないとしても、戸籍上亡くなっていることが確定するまではCさんは存在することになる。すると、もう第1順位の相続人が存

＊12　内閣府第42回地方分権改革有識者会議・第112回提案募集検討専門部会合同会議資料1管理番号126参照
＊13　生活保護法施行規則22条2項ただし書「ただし、これによりがたいときは、民法494条の規定に基づき当該残余の遺留の金品を供託することができる」

在するため、第2順位の親（もうとっくに亡くなっていると思われるが……）や、第3位の兄弟姉妹は相続人にあたらない。まして、兄弟姉妹の子であるDさんは、現時点では相続人ではない[*14]。

というわけで、今回の事例の相続人はCさんだけである。

2　Dさんにお願いしてもいいのか

では、Dさんにお葬式や遺品の処理のお願いをしてもいいのだろうか。法律とは、最低限のルールを定めたものに過ぎないので、Dさんが「やってくれる」と言うのであれば、お葬式、遺品整理をお願いすること自体は違法でも何でもない。

ただ、Dさんは相続人ではない、ということは押さえておくべきだろう。孫の世話で忙しくなり、月1回の面会にも来られなくなってしまったDさんにとって、急に降ってわいたこれらの死後事務を引き受けることは非常に大きな負担になることは想像に難くない。相続人であれば、遺産のなかからいくらかもらえるというメリットもあるが、Dさんにはそうしたメリットもない。こうした状況でDさんにお願いをするのは、純粋な善意に期待しているだけであるということは踏まえておこう。

Dさんにとって負担が大きい、ということになれば、長くご遺体をそのままにしておくこともできないので、早めに自治体に葬祭と遺留金品の処理の相談をすることになる。

＊14　余談だが、Dさんが相続人になる可能性が一切ないのか、と言われるとそうでもない。仮に今回亡くなったAさんに莫大な借金があり、相続放棄をしないと相続人が大変なことになってしまう、というような場合があり得る。第1順位のCさんが相続放棄をすると、第2順位の親……は、もういないであろうから、第3順位の兄弟姉妹（Dさんの親）が相続人になる。ところが、このDさんの親がすでに亡くなっていた場合、相続権はDさんに発生する。

3 「人が亡くなる」ことは法的リスクのかたまり

このケース8は、全体的に難しいと感じられた読者が多いのではないだろうか。

弁護士の世界でも、相続に関する法律関係は民法をはじめとても複雑で、人が亡くなる前後は、たとえ親族関係が円満であっても、法的な課題が次から次へとわいてくる。それに加えて「高齢者の貧困」や「おひとり様で亡くなる」という現象が比較的新しいため、これに法律が追いついていない点もリスクを大きくしているように思う。これを避けるための一つの方法が、遺言書をつくっておくということだ。「全財産を○○に相続させる」といった単純な内容の遺言書であれば、民法のルールから外れないように細心の注意を払いながら、自分で書いて法務局に預けておくとよい* 15。どう書けばよいかまったくわからない場合は、公証役場というところへ行って、公証人に相談することもできる。すると、公正証書という、「法律的に意味のある行為をしたことを証明する文書」として遺言書をつくってもらうこともできる* 16。

とはいえ、自分の財産を引き継ぐ具体的なあてがないのに、費用と労力をかけて遺言書を作成するインセンティブは働かないし、そもそもそこまでの手続をとる経済的余裕が全然ない高齢者もまた増えているのである。また、かかわりを拒む親族がいるということは、生前に故人と親族との間になんらかの葛藤があったことが推しはかられる。そうした葛藤は後日の紛争のタネだったりするので、死後事務の処理は法律上の専門性が高い場面なのだ。

---

* 15　2020（令和2）年7月から、自分で書いた遺言書（自筆証書遺言）を、亡くなるまで法務局が保管してくれる、自筆証書遺言保管制度が始まった。法務局へ預けることにより、①本人の生前に失くしてしまったり隠されてしまったりするリスクがなくなる、②本人が亡くなったあとで家庭裁判所で開封してもらう手続が不要になる、などのメリットがある。ただし、あくまで保管するだけで、遺言書の中身が法律的に正しく書かれていることを証明してくれるわけではないので、つくるときには書き方を間違えて無効になってしまわないよう、細心の注意を払う必要がある。

* 16　ただし、数万円程度の手数料と、書いている内容を証明する証人2名が必要となる。

自治体ワンポイント⑤　おひとり様の「最後の砦」

　ケース8でも紹介したように、墓埋法9条1項で、ご遺体の埋葬、火葬を行う者がいないときや判明しないときは、死亡地の市町村長が行わなければならない、と定められている関係から、ご遺体の火葬や遺留金品の処分は、最終的には自治体の責任となる。ところが、法律には最終的な処分まで想定して定められていない部分もあることから、対応に苦慮する場面が多い。

埋葬、火葬の費用負担

　埋葬、火葬に必要な費用負担は、行旅病人法の規定が準用される[*1]。行旅病人法11条では、まず遺留金から費用を回収するよう定められている。

　現金がそのまま残されていれば回収できるが、問題は預貯金として金融機関にある場合である。口座名義人は亡くなっているので、自治体が同条を根拠に金融機関に対して実費分の払い戻しを求めることになる。ところが、実際にはこの請求に応じない金融機関が非常に多いようなのである。この、身寄りのない方の遺留金に関する取扱いの明確化は、内閣府主催の地方分権改革有識者会議でも取り上げられている。そのなかでも、同条を根拠に金融機関と交渉をしてもなかなか上手くいかない様子がうかがえる[*2]。唯一、ゆうちょ銀行については、一定の条件のもと市町村長からの請求に基づいて払い戻しを行う旨の旧郵政省の通達があり[*3]、これによって比較的容易に払い戻しがなされている。たまたまゆうちょ銀行の貯金であれば払い戻しを受けられるのに、それ以外の金融機関では「金銭」として扱えず、払い戻しを受けられないのは不合理だ[*4]。この点、地方分権改革有識者会議でも、各自治体及び金融機関に対し、周知を

[*1]　墓埋法9条2項

[*2]　内閣府第42回地方分権改革有識者会議・第112回提案募集検討専門部会合同会議資料1管理番号126・127参照

[*3]　昭和29年4月1日郵1業第304号郵政省貯金局長通達。

はかっていく旨関係省庁からの回答がなされているため、引き続き行旅病人法11条を根拠に交渉することになる。

火葬後に納骨することはできるのか

自治体が火葬する際の根拠法である墓埋法9条1項によると、ご遺体を土中に葬る「埋葬」と、ご遺体を焼く「火葬」ができることはわかるのだが、焼いたあとの焼骨をお墓に納める「納骨」までできるか否かについてははっきりしない書き方になってしまっている。民生委員等の第三者がお葬式を執り行う際の葬祭扶助については、生活保護法にはっきりと納骨までの費用の面倒を見る、と書かれている[5]。

また、おひとり様の成年被後見人が亡くなったとき、成年後見人ができる死後事務についても同じ点が論点になる。なぜなら、民法は、「その死体の火葬又は埋葬に関する契約」については、家庭裁判所の許可を得て成年後見人もできるとしている[6]が、ここに「納骨」が含まれていないからだ。このため、実務上、成年後見人は原則として納骨まではできず、どうしても必要な場合は事務管理として対応せざるを得ないと整理されている。

こうして別の類似の法律を眺めていると、「法に基づく行政」の原則をきちんと守ろうとすると、「条文に書いていないのに自治体が納骨までしてよいのだろうか」と気になってしまうところである。ケース8で触れた、遺留金額が少ない場合の相続手続と同様、「おひとり様で亡くなる」ことを法が想定していないと感じる場面の一つである。

ただ、墓埋法の目的が、国民の宗教的感情に適合し、かつ公衆衛生その他公共の福祉の見地から埋葬が支障なく行われることにあること[7]や、「埋葬」には焼骨を土中に埋めることも含むだろうという社会通念を考えると、自治体が

＊4　中村健人（2014）「孤立死に関する一考察―葬祭の実施・公営住宅の明渡・相続財産管理人の選任について―」『自治体法学』自治法学会、Vol.28-1、65頁。

＊5　生活保護法18条1項4号

＊6　民法873条の2第3号

＊7　墓埋法1条

身寄りのないおひとり様の焼骨を納骨することは許されるだろう。条文上、明確に「納骨」と書いていないからといって、役所の一角に骨壺をたくさん抱えておくことのほうが、国民の弔いに対する宗教感情に反し、公衆衛生の見地からも望ましくないなど、墓埋法の目的（1条）に反する結果になってしまう。こうした場合まで、自治体が納骨することを墓埋法が禁止していると解釈するべきではない。そのように考えられるからこそ、一般的には焼骨の保管期限を自治体の要綱等で定め、期限経過後に合祀墓や無縁仏として納骨するという取扱いがされている。墓埋法でも、こうした取扱いは許されていると解釈するべきだろう。

　近時、「終活」が流行し、自治体としてこれを支援する取組みも進められている。その取組みは、主に生前の元気なうちに自分の葬儀と財産の行く末を考え、遺言書に遺すことを勧めるものが多い。しかし、本文でも指摘したように、具体的に引き継ぐ先のイメージが持てないなかで、わざわざ手間をかけて遺言書を作成するインセンティブはなかなか働きづらい。そうすると、自治体としては、おひとり様亡きあとの最後の砦として、「遺言書を作成せずに亡くなる」場面を想定した施策も必要なのではないか。そうすると、「おひとり様が亡くなったあと」の論点整理をしたうえで、不十分な法的根拠を補うような条例を制定するということもあり得るかもしれない。

「8050 問題」と親亡きあと

《事例》

　81歳のAさんは、79歳の妻Bさんと暮らしている。Bさんが入院したのをきっかけに、ケアマネージャーのCさんがこの世帯の介護支援を担当することになった。

　Bさんは、今まで通りの家事をすることが難しくなった。Aさんは家事を一切しない人だったので、CさんはBさんに、ヘルパーの利用を提案した。ところが、AさんもBさんも、「人様の世話になりたくない。そんなお金もない」という。

　AさんもBさんも、決して多くはないものの、二人で暮らしていくには十分な年金があるはずだった。おかしいと思ったCさんは、細かく事情を聞いてみた。すると、Bさんが重い口を開け、「20年近く2階にこもって出てこない息子D（55歳）がいる。最近は私がこんなになったから家事を手伝うようになったが、あまり口を利かない。私が家事に注文をつけるとすぐに怒るから怖いし、この子の生活費も考えるとヘルパーなんて利用できない」と言う。Aさんは、「いい年をした男が、外に働きも出ずに、一家の恥さらしだ。自分が死ぬまでには是が非でも働きに出さなければ親の面目が立たん」と言っている。

　とはいえ、特にBさんはDさんの顔色をうかがっているように思われた。そこでCさんは、「一度施設に入って、Dさんと距離をおいてみませんか」と提案した。ところが二人とも、「Dが自立するまでこの家を離れるつもりはない。それが親の務めだ」と強い気持ちを明かしている。

ポイント：「親亡きあとの準備」で今後の生活に道筋をつける

・ひきこもりの長期高齢化（＝「8050問題」）が、社会問題として認識されるようになり、支援のあり方が検討されている
・「働かなければならない」「養わなければならない」という社会規範に苦しんでいる親と子に対して、正しい法の解釈を伝えれば、少しは心的負担を軽減できるかもしれない

　「80代の高齢の両親が、50代の子の面倒を見ている世帯」を指す「8050問題（はちまるごーまるもんだい）」が社会問題として認識されるようになってきた。8050問題への対応は、ひきこもり支援と切っても切り離せない関係がある。ひきこもりは数年前までは、不登校と連続性のある思春期や若年期の課題だと社会に認識されてきた。このため、内閣府が平成27（2015）年まで行ってきたひきこもりの実態調査は、対象年齢が15〜39歳とされてきた[1]。ところが、ひきこもりは簡単には解決せず、また解決のための根拠法も社会資源も乏しいことから、そのままの状態で高齢化し、中高年層へシフトしているのではないかと指摘されてきた。

　そこで平成30（2018）年、内閣府は、40〜64歳の中高年層を対象とした実態調査を初めて行った[2]。この結果、15〜39歳では約54.1万人、40〜64歳の中高年層では約61.3万人、全国に合計で100万人を超えるひきこもり状態にある人がいると推計されている。

　ひきこもりといっても部屋から一歩も出ず、家族と一切会話しない状態（狭義のひきこもり）だけではなく、普段は家にいるが、自分の趣味に関する用事のときには外出する状態（準ひきこもり）も含んでいる。ひきこもりとは、何らかの病気や障害を指しているのではない。国（内閣府・厚生労働省など）によ

＊1　内閣府（平成27年度）『若者の生活に関する調査報告書』「2　定義」。
＊2　内閣府（平成30年度）『生活状況に関する調査』「Ⅱ　定義」。

ると、ひきこもりとは、学校、職場、サークルなどの社会活動との関係がない状態が、おおむね6ヶ月以上続いている「状態」のことを指している。よく「一人でコンビニに行ける場合は入りますか」と聞かれるが、それも含まれる。

こうしたひきこもりの人々は、本人はもとよりその家族ともなかなかコミュニケーションを取りづらく、また支援のセオリーも確立していないため、いわゆる支援困難事例に分類されがちだ。筆者は、ひきこもり支援を担当する部署に所属し、こうしたケースにもかかわってきた。法律が加わると何か起死回生の策がありそうに思われるかもしれないし、筆者も何かできるのではないかと思っていた。

しかし、残念ながら法律は、現場の悩みを雲散霧消してくれるような策はそれほど提供してくれない。むしろ「昔、法律が絡むような紛争に巻き込まれ、そのときの傷つき体験が原因になって人間と社会を信じられず、不安が強まっている人」という印象が強い。いじめ、不登校、離婚、多重債務、虐待、パワハラ、リストラ、DV、障害・疾患への差別などといった、ひきこもるきっかけになるところで法律は何か役に立てたのかもしれない。

しかし、多くのケースで法律家をはじめとする法的解決手段に適切につながることができず、けじめのつかないまま、人と社会への不安を募らせて自分の身を守っているのがひきこもりという「状態」である。長い時間をかけてひきこもった人が、人と社会への信頼を回復するまでには、息の長い地道なケースワークが必須である。ひきこもりの理解と具体的な支援のあり方については、多くはないがほかに実務書が出版されつつあるため、そちらをぜひ参考にしてほしい[*3]。

とはいえ、まったく法律の出る幕がないかというとそうではない。一つは、支援の現場や社会一般に誤解して共有されている二つの「呪い」、つまり勤労の義務の呪いと扶養義務の呪いである。この呪いを解くことで、本人も、家族

[*3] 厚生労働省（2010）「ひきこもりの評価・支援に関するガイドライン」が参考になる。このほか、境泉洋編著（2017）『地域におけるひきこもり支援ガイドブック　長期高年齢化による生活困窮を防ぐ』金剛出版、原田豊著（2020）『支援者・家族のためのひきこもり相談支援実践ガイドブック』福村出版、などがある。

も、支援者も少しだけ楽になれたら、と思う。もう一つは、高齢化した親が、自分が亡きあとの子の生活に少しだけ道筋をつけられるような、「親亡きあと」の準備である。

法律解説①：ひきこもりをとりまく二つの「呪い」

1　勤労の義務の「呪い」

（1）働かざる者、食うべからず？

　ひきこもりの人は、一般的には働き盛りの年齢であることから、家族や社会から大なり小なり「どうして働かないのか」という目で見られている。実は、何よりも本人が自分自身に対して「働けないこと」を責め、傷ついている。しかしそうした本人の内面に気づかず、家族や支援者もつい、こう言ってしまう。

　「ほら、だって憲法の三大義務を中学校のときに習ったでしょ？　そこに「勤労の義務」って書いてあったでしょ？」

　こう言われると、自分は憲法にも認められていない存在なのか、とますます責めてしまいたくなるだろう。

　たしかに、憲法27条1項には、「すべて国民は、勤労の権利を有し、義務を負ふ」と書いてある。ところが憲法学上、勤労の義務をはじめとするこの「国民の三大義務」の解釈論はほとんどなされていない。大学の法学部でも、国民の三大義務については、講義で触れることすらほとんどないだろう。

　なぜなら、いずれも訓示的規程とか道徳的規程と言われており、つまり「かけ声」程度の意味しかない、という点でどの学者も一致しているからだ[*4]。もし仮に、この「勤労の義務」に法的意味があるとすれば、働き盛りの大人が家でゴロゴロしていたら、国から役人がやってきて強制的に労働させることこそ

[*4] 佐藤幸治（2011）『日本国憲法論』成文堂、171頁、長谷部恭男（2018）『憲法（第7版）』新世社、98頁など。

が憲法で求められている、ということになってしまう。しかし、現実にはそのような恐ろしいことにはなっていない。もしそんなことをすれば、むしろ「奴隷的拘束・苦役からの自由」（憲法 18 条）に反して許されないだろう。

このように、勤労の義務には、「義務」と言いつつ、「働けるなら働いてね」程度の意味しかない。働いて、自立してもらえれば家族も支援者も安心はするが、そのために憲法 27 条 1 項の勤労の義務を持ち出してしまうと、憲法が想定している以上に本人を追い詰めてしまい、逆効果だろう。

(2) 個人として尊重すること

憲法は、スローガンとして勤労の義務を定めてはいるが、その前に勤労の「権利」を謳っている。そもそも大前提として、「すべて国民は、個人として尊重される」（13 条前段）と定めている。この国に暮らす一人ひとりが、個人として尊重され、自分らしい生活を送ることが保障されている。

ひきこもりの人にとっては、「社会」は不安のかたまりであり、家の外に出たくても出られない世界のなかで生きている。自分の部屋は、戦場に建つ「砦」のようなもので、そこから出て、銃弾飛び交う「社会」に安心して出られるようにするためには、それなりの時間と戦略が必要だ。そうした本人の世界観とペースに合わせ、一緒に戦略を考えることが支援者に求められているのである。ところが支援者側の理屈で「早く働けるようにしなければ」「早く自立してもらわなければ」というかかわりをすると、ひきこもりの人のニーズからは外れていってしまう。それでは、「個人」として尊重しているとは言いづらい。

ひきこもりの人が抱える不安も含めてその人を尊重することは、簡単なことではないし時間もかかる。ただ、ゆっくりとした回復の過程に歩調を合わせたかかわりを続けた先にひきこもりの人が少し社会を信じることができるようになれば、自然と「参加してみたい」「働きたい」という気持ちは芽生えてくるはずだ。そのときもまた、本人の希望に沿った働き方を一緒に考えること。それが、ひきこもりの人の勤労の「権利」を保障することにつながる。

2 扶養義務の「呪い」

(1) 扶養義務とは

ひきこもりの相談は、最初は本人からよりも、親やきょうだいなどの家族から寄せられることが多い。そこでまず、家族から本人のこれまでの足跡や家族とのかかわりをインテーク[*5]する。そこで家族の心情としてよく聞かれるのが、「親だから、家族だから、この子の面倒は最後まで私が見なければならない」というものだ。

なかなか経済的にも社会的にも自立できないわが子を案じ、自分の命ある限りは世話し続けたいという心情は理解できる。ただ、法律がそこまでの義務を親やきょうだいに求めているかというと、そうではない。

扶養とは、自分の資産や労力だけでは生活を維持できない人に対する援助のことだ。民法では、一定の範囲の親族に対し、親族間で扶養することを求めている。扶養義務の内容は、①3親等以内の親族、②夫婦、③未成年の子に対する親の3種類ある。

まず、民法は、原則として①直系血族（親、祖父母や、子、孫）ときょうだいに扶養義務がある、と定めている[*6]（特別の事情がある場合には、3親等以内の親族までであれば、家庭裁判所の審判を得ることで扶養義務を負わせることができる）。②夫婦の場合、民法にはっきりと「同居して助け合う義務（同居協力扶助義務）[*7]」と、「生活費を互いに負担し合う義務（婚姻費用分担）[*8]」がある、と定められている。また、③未成年の子に対する親の扶養義務は、子の監護に関する義務が扶養義務とは別に定められている。

このように、②夫婦間と③未成年の子と親という関係の場合、扶養することが当然の関係にある、という点に異論はないだろう。このため、扶養する側が、

[*5] インテークとは、相談機関に相談者が初めて接触したときの最初の面接、電話の相談のこと。相談者は初めて接する相談機関や職員に対し、不安を抱いていることが多いため、特に受容と共感、傾聴に留意して、安心して相談できるように配慮することが求められる場面である。
[*6] 民法877条1項
[*7] 民法752条
[*8] 民法760条

自分の生活を多少切り詰めてでも、自分と同程度の生活をさせる義務（生活保持義務という）がある。ところが、それ以外の関係性の場合は、お互いに成人しているわけだし、それぞれの人生があるのだから、一方が生活を犠牲にしてまで扶養することはない。一方の生活が最低限の生活の水準に達していないうえに、他方の生活にそこそこ余裕がある場合に初めて扶養義務（生活扶助義務）が発生すると考えられている。

　さて、8050問題の場合、問題となるのは「老親の、成人の子に対する扶養」や「成人のきょうだい間の扶養」だ。これは、生活扶助義務しか求められていない関係だ。親が、きょうだいが、自分の財産や人生を切り詰めてまで扶養することは求められていない。

　ひきこもりの人のご家族からの相談を受けているなかでこのことをお伝えすると、いくぶん肩の荷が下りたような様子になる方が多い。とりわけ、親亡きあとを引き継いで援助しなければならないのではないか、と考えるきょうだいにとっては、基本的だが重要なことである。そして支援者もこのことを踏まえて支援をする必要がある。一つは、自分が死ぬまで面倒を見なければならない、という思いを強くしている高齢の親に対し、「そんなにがんばらなくてもいい」というメッセージを伝えるため。そしてもう一つは、きょうだいをキーパーソンとして支援計画を立てたくなる気持ちはわかるが、きょうだいのかかわりに期待をしすぎないようにするためである。きょうだいには、できる範囲の協力を求めるにとどめるべきである。

（2）引き出し屋

　ここで、是が非でも本人を「立ち直らせなければ」とがんばってしまった親族が、ひきこもりの人の自立更生を掲げる施設に高額な費用を支払い、本人を施設入所させようとするケースがたまに見られる。このような施設、事業を、「引出し屋」と呼ぶことがある[9]。しかしその施設では虐待まがいの生活が待ち受けていたり、満足に食事もとらせてもらえなかったりするなど、人や社会に対

---

[9]　『朝日新聞』2021年1月4日付「業者に託したひきこもりの息子　やせ細り、一人息絶えた」。

する不安を抱えた本人にとって、トラウマとなるような過酷な生活が待っている場合がある。実際、こうした施設から脱走したり、施設で本人が亡くなったりするなどして、その被害を民事裁判で訴えるケースも出てきている[*10]。

　人が、どこでどのように生活をするかを決めるのは自分自身だ。その人自身が拒否しているのに、他人が勝手に住む場所を決めることはできない。そんなことをすれば、憲法が保障する基本的人権の一つである自己決定権を真正面から否定することになってしまう。ところが、こうした「引き出し屋」の被害にあうケースでは、本人が嫌がっていても、施設と親とで入所契約を結び、抵抗する本人を強引に家から引き出して施設へ連れて行ってしまう。このように、どこで、どのような生活を送るかという、人の生活の根本の処遇に関する契約を、本人が拒否しているのに他人が勝手に結ぶことは、本人の自己決定権の侵害であり、公序良俗に反する契約として無効とされる。

　ひきこもりの人が尊厳と社会生活を回復するためには時間がかかる。支援者は、時間がかかる覚悟を持って、家族と本人に寄り添い続ける必要がある。

法律解説②：親亡きあとに備える──ひきこもりフレンドリーな終活

1　親亡きあと

　8050問題の支援のうち、ひきこもりの人へは、とにかく本人が安心できる環境を整え、相談員と信頼関係を結ぶことから始める。このように言ってしまうのは簡単だが、ひきこもりの人は、多様な事情で、長い時間をかけて社会と人に対する不安感を強めていっているため、非常に根気のいるかかわりが必要

[*10] 『日本経済新聞』2019年12月26日付「ひきこもり支援業者に500万円賠償命令　連れ出しは違法」。
『朝日新聞』2019年6月18日付「ひきこもり支援か軟禁か　親が頼る引出し業者　裁判も」。
引き出し屋の損害賠償責任を認めた裁判例として、東京地裁判決令和元年12月26日判タ1472号192頁。

になる。他方、高齢の親が亡くなる前に、経済的、社会的自立と呼べる状態になるのが理想だが、それほど長い時間が残されていない場合も多い。そうすると、本人に対する支援と並行して、本人がひきこもった状態のまま、親が亡くなることを想定した準備が必要となる。

　親亡きあとを考えるとき、必要な視点が二つある。一つは、亡くなった瞬間に必要となる事務を誰が担うのか。たとえば葬儀や各種公的機関への届出、親の預貯金の整理などである。通常、遺された家族のうち誰かが喪主を務めてお葬式を執り行ったり、役所や銀行を回って手続をしたりする。ところが、ひきこもっている子しかいなかったり、他の子や親族が遠方におり、すぐには協力を得られなそうな場合には、おひとり様で亡くなる場合とほぼ同じ状況になる。つまり、ケース8で解説したように、最終的には、自治体が無縁仏として弔う方向で調整することになるかもしれない。

　もう一つは、ひきこもった本人のその後の生活が崩れないように配慮した相続である。人が亡くなると、法律上はその瞬間から相続が始まる。具体的には、どの財産を誰がどう相続するか、遺された相続人で話し合って決めなければならないし、決めたら決めたであちこち回って手続をしなければならない。こうしたことが本人にできるのかを考えると心配だろう。法律でもこうした心配ごとを完全に払しょくすることは難しいが、多少は備えることができる。

2　亡くなった瞬間に必要となる事務（死亡届、葬儀、埋葬など）

　人が亡くなると、どのような手続が必要になるか。

　最近の終活ブームに乗って、亡くなったあとに必要となる手続を網羅し、紹介する書籍が多数発行されている。ここでは、そうした手続のなかから主だったものを紹介しておく。

手続	期限	手続先
死亡届 死体火葬・埋葬許可申請	死亡を知った日から7日以内	死亡地・本籍地・住所地 （市町村）
年金受給停止	死亡後速やかに 国民年金は死亡後14日以内	社会保険事務所 住所地の市区町村
後期高齢者医療資格喪失届	死亡から14日以内	住所地の市区町村
国民健康保険資格喪失届	死亡から14日以内	住所地の市区町村
介護保険資格喪失届	死亡から14日以内	住所地の市区町村
所得税準確定申告	死亡から4ヶ月以内	住所地の税務署
相続税の申告	死亡日の翌日から10ヶ月以内	住所地の税務署
生命保険金の請求	死亡から2年以内	保険会社
国民年金の死亡一時金請求	死亡から2年以内	住所地の市区町村
高額医療費の死後申請	対象の医療費の支払いから 2年以内	住所地の市区町村・健康保 険組合・社会保険事務所
未払いの施設利用料や 入院費の支払い	施設利用契約・入院契約による	施設・病院

表1　亡くなったときに必要となる手続

　亡くなってから1年以上の余裕がある手続はおいおい進めていけばよいが、各種保険の資格喪失届など、亡くなってから14日以内に処理すべき手続が多いことに気づくだろう。ひきこもり支援の現場では、本人が自宅の外に出ることができている場合、もしものときに備えて相談員が本人と一緒に役所へ行ってシミュレーションする、という支援も行われている。将来の社会復帰を見すえた訓練としてもよい取組みだ。ただ、それも難しいような状態の場合は、こうした事務を誰が担うのか、すぐには決まらない。親にしてみれば、自分が亡くなったあとのこととはいえ、ひきこもっている子が困るのも不本意だろう。そこで、死後の事務処理を委任する契約（死後事務委任契約）を結んでおくことで、ひきこもっている子に頼ることなく、細かい手続を処理してもらうことができる。

　こうした細かい事務に加えて、自分の財産の相続や先祖からのお墓のことについても決めておきたい場合は、死後事務委任契約に加えて遺言書を作成する

とよい。

　死後事務委任契約、遺言書の作成は、いずれも弁護士または司法書士に依頼することになる。その人に、自分の死後の処理をお願いすることになるので、信頼できそうな人を選んでおくとよい。もちろん、合わせて数十万円程度の費用は必要である。ただ、もしものときの事務処理をすべて任せることができることで、親も、ひきこもりの本人も、安心してそのときを迎えることができるようになる。

3　財産が少なくても遺言書を遺す重要性

　親亡きあとの不安を解消するために遺言書の作成を勧めると、「そんなに財産はないから」と言われることが多い。しかし、ひきこもりの子がいる場合、遺言書を作成する役割は、親の財産の分け方を決めるだけではない。遺言書に書かれている内容の通りに財産分けを実行する人（遺言執行者）を指定しておくことができるのである。遺言執行者には、ほとんどのケースで、遺言書の作成にかかわってくれた弁護士、司法書士が指定される。遺言書を遺さずに亡くなると、残す財産が少ない場合でも、相続人全員で話し合わなければ相続財産は引き継げない。そこにひきこもりの子が参加し、自分の相続の権利を自分で守るのは難しいことが多いだろう。相続人がひきこもっている子だけの場合は話し合う必要はないが、各種手続を子どもが実行しなければ、やはり財産は引き継がれない。

　そのようなことを避けるため、遺言書で分け方を定めるとともに、具体的な手続まで実行できる遺言執行者を指定しておけば、ひきこもっている子はその人に連絡するだけで預金や不動産を相続し、手続を完了することができる。

　また、親の名義の現金が少なくても、それまでひきこもりの子と一緒に暮らしてきた家の土地や建物が親の名義であることは意外と多い。この持ち家を、どの相続人にどのように引き継がせるかは、あらかじめ考えて決めておいたほうがよい論点の一つだろう。遺言書を遺さずに遺産分割協議に入ると、遠方のきょうだいが現れて、法律で定められている相続分通りに分けてほしい、と言い始めるかもしれない。このきょうだいと本人との関係性がよくなければ、そ

れまで通りその家に住み続けるのが難しくなることも考えられる。そのような
ことを避けるために、親の死後に自宅の名義をどうするのか、親があらかじめ
決めておく意味は大きいだろう。

　ちなみに、遺言書を作成する際は、相続人それぞれが「遺言書の内容にかか
わらず最低限確保できる取り分（遺留分）」をどのように確保するか等、法律上
上手くいくように考えなければならない点が多い。ひきこもっている子以外に
も相続人がいる場合には、遺せる財産の金額や内容によっては遺言書だけでは
最終的に解決できない場合があるなど、非常に法律上専門的な判断が求められ
る。遺言書を作成する際は、費用がかかっても必ず弁護士または司法書士に依
頼することをお勧めする。

相談支援の処「法」箋：虐待通報、心理的支援、死後事務

1　高齢者虐待の可能性を考える

　AさんBさん夫妻には、20年近く2階にひきこもっているDさんという息
子がいる。Dさんは、最近は家事を手伝ってくれるものの、Bさんが家事に注
文をつけるとすぐ怒るという。これはBさんにとっては日常的なストレスに
なるため、心理的虐待が疑われる。また、もし怒ったときに物を投げていれば、
身体的虐待にもあたるかもしれない[*11]。Dさんの生活費のために、Bさんの
ヘルパー代金を出せないということなので、Dさんのお金の使い方次第では、
経済的虐待もあり得る。そこでケアマネージャーのCさんは、地域包括支援セ
ンターに虐待通報をすることを検討してほしい。ケースが抱える課題が「ひき
こもり」だけではなく、「高齢者虐待」としても市町村に認識されると、高齢
者虐待防止法に基づく対応にシフトチェンジされる。そうすると、市町村は、

───────────

＊11　高齢者虐待防止法2条4項1号イ。相手にあたらないように物を投げる行為も「暴行」に
あたること、「養護者」がどのような人を指すかについては、ケース5を参照。

養護者支援としてひきこもっている子にかかわる法的根拠が生じる[*12]ため、連携の輪が生まれやすい。具体的な対応方法については、「ケース6　家庭内暴力に安全・適切に介入する」を参照してほしい。

2　がんばりすぎのＡとＢの肩の力を抜く

　さて、虐待通報をしても、ＡさんもＢさんも、Ｄを置いて家を出ることは考えられない、と強く言っている。これだけ明らかに家を出ることを拒絶されると、力ずくで無理やり施設への分離措置をとることはできない。そこで二人を説得する必要がある。

　この二人の話を聞いていると、解説で取り上げた「二つの「呪い」」にしっかりはまっている。まず父親のＡさんは、「いい歳をした男が、外に働きも出ずに、一家の恥さらしだ」とこぼしている。81歳という年齢を考えると、男性は一家の大黒柱として外に稼ぎに出るのが当然という社会を生き抜いてこられたのだろう。一方で、Ｄさんが現在まで20年ほど社会とつながっていない生活を送っていることを考えると、すぐにＡさんがイメージするような働きができるような状況ではないだろう。見方を変えると、Ｂさんの入院を機に、それまで家族とも交流が乏しかったＤさんが、（質的な問題はあるにせよ）家事や介護という形で家族とかかわるようになったのであれば、「母親の介護」という勤労を担うことができるようになった、と評価することもできる。Ａさんに対しては、働いて経済的自立ができていないことに焦らず、勤労の義務の「呪い」を解くようなかかわりを心がけるとよい。

　また、両親ともに、「Ｄが自立するまでこの家を離れるつもりはない」「それが親の務めだ」と、最期まで自分たちが直接面倒を見る義務があるようなお話をしている。親として当然の気持ちであろう。ただ、親には親の人生があり、子どもの顔色をうかがい続けるような晩年を過ごすことは、親自身の尊厳が保障されているとは言いがたい。成人の子に対して、自分たちの生活を犠牲にし

---

*12　高齢者虐待防止法14条1項

て扶養する義務はない。両親ともに、扶養義務の「呪い」にかかっているように見える。そこで、両親の呪いを解き、肩の力を抜くようなかかわりを検討する。

　Dさんと両親とのコミュニケーションの暴力性の強さにもよるが、もし今すぐAさん、Bさんの生命・身体に重大な損害が生じるほどの危険性がないのであれば、Dさんを「両親に扶養される人」ではなく、一人の介護人材としてとらえ、適切な介護技術を教えて家庭のなかで役割を持って生活できるようにかかわるのも一つの方法だろう。

3　親亡きあとの準備

　両親にとって、頼れる親族がDさんしかいないのであれば、AさんとBさんが亡くなったときの葬儀や埋葬をどうするかが問題になる。すでにDさんは、Bさんの介護や家事に参加できているため、これから社会復帰に向けて慣らしていけば、死後の事務はDさんができるようになるかもしれない。そうなることがベストではあるものの、心配な場合は、Aさん、Bさん、Dさんと揃って、法律家に死後事務委任契約と遺言書の作成をお願いするとよい。多少費用はかかるものの、この世帯が将来的に抱えるだろう法律的な課題について、法律家がAさんとBさんが亡くなるまで見守ってくれる安心感は小さくはないだろう。

　もしDさんとは別に遠方にきょうだいがいるような場合は、まず、自分たちが亡くなったときにどうするかについて、遠方の子と話し合っておくことが大切である。そのうえで、Dさんについては、親亡きあとにあまり関係性のよくないきょうだいとの話し合いをさせたり、名義変更などの手続をさせるなどの負荷がかからないよう、遺言書を遺しておくとよい。

自治体ワンポイント⑥　権利擁護支援の地域ネットワークづくり

成年後見制度利用促進基本計画

平成28（2016）年5月に施行された、成年後見制度の利用の促進に関する法律と、同法に基づいて策定された成年後見制度利用促進基本計画（平成29［2017］年3月24日閣議決定。以下、基本計画）を踏まえて、市町村は、①地域での成年後見制度利用促進に関する基本的施策についての基本計画を定めるとともに、②成年後見制度利用促進の中核となる機関（以下、中核機関）の設立等を支援するよう努めるとされている。

　これまで、成年後見制度は、「資産家の財産管理のための制度」「障害のある人の親亡きあとのキーパーソン」と言われるように、特殊な事例で対症療法的に使われるイメージが強かった。財産管理が安定することは、個人の財産という非常にプライベートな事柄ではあるが、安心できる自立生活の基礎でもある。そのためには、地域社会全体で、判断能力に不安のある人の地域生活や財産の管理について支え合っていくべきである。

　このため、超高齢社会を迎えるにあたり、財産の管理または日常生活等に支障がある者を地域社会で支えていく必要性が指摘されている[*1]。こうした流れを受け、社会福祉法改正（2020年）による重層的支援体制構築事業とは別に、現在、特に市町村に向けて、地域住民の成年後見制度の利用促進に向けた取組みが強く期待されている。

成年後見に限らない権利擁護支援のネットワーク構築を

「地域における成年後見制度利用促進に向けた体制整備のための手引き」（以下、手引き）[*2]のなかでは、独居でセルフ・ネグレクト（自己放任）気味で家賃

[*1]　成年後見制度利用促進法1条でも確認されている。

や税金を滞納している状態で見つかった支援困難な複合多問題ケースにつき、スムーズに権利擁護支援、要は成年後見制度につなぐことができるよう、日頃から法律職とも連携できるような体制を組むことが推奨されている[*3]。

　ただ、日頃から相談支援の現場に携わる方は、「法律的課題を抱えているからと言って、必ずしも成年後見制度が使えるわけでもない」と思うのではないだろうか。むしろ、きれいに成年後見につなぐことができる人のほうが少ないかもしれない。判断に支援が必要な人と言っても、支援が必要な原因はさまざまだ。認知症や知的障害のように、医学的理由から判断能力が低下している場合は制度につなぎやすいだろう。しかし、加齢の影響による自信の喪失や、生活不安などによる環境的な理由で、なかなか意思を明らかにできなかったり判断に時間がかかったりすることがあるだろう。そのすべてが成年後見制度の対象となるわけではない。

　多くのケースでは、あるがままの本人の状態を前提として、どのように本人を元気づけ、エンパワメントしていくかをチームで検討していかなければならない。そうすると、中核機関にせよ、地域連携ネットワークにせよ、間口を「成年後見制度」と決めてしまうと、途端にかえって使い勝手の悪いものにならないだろうか。むしろ、弁護士をはじめとする法律職に対し、およそすべての法的課題についてアドバイスや支援への参加をお願いできるよう、成年後見に限らない権利擁護支援のネットワークを構築することを検討するとよいだろう。

＊2　平成29年度厚生労働省老人保健推進費等補助金（老人保健健康増進等事業分）「地域における成年後見制度の利用に関する相談機関やネットワーク構築等の体制整備に関する調査研究事業」
＊3　手引き4頁。

弁護士と連携するには

社会資源としての弁護士とは

・弁護士に相談したほうがよいケースとは何か、費用はどれくらいなのか、どうやって見つけ出せばよいのか、などを解説
・すべての人を包摂し、誰一人排除しない地域共生社会を実現するために、法律や弁護士ができることも

　ここまで、相談支援の現場で働くうえでぜひ押さえてほしい法律の知識（処「法」箋）について紹介してきた。この本1冊で法的課題がなんでも解決できればそれでよいが、なかなかそうはいかない。相談支援の現場職員で解決することも大切だ。しかし、わからないものをわからないままで頭を抱えるのではなく、ちょうどいいタイミングで弁護士につなぐということは、相談者の支援としてだけではなく支援者の負担軽減の点からも重要だ。このため、本書では「弁護士に依頼すべき問題」も合わせて示してきた。

　しかし、弁護士にどうやって出会えばいいのか、いくらかかるのかなど、どう使うかについては結局よくわからないかもしれない。筆者は市役所に勤めるなかで、数多くの職員と一緒に同僚として仕事をしてきた。そのなかで、これまでに弁護士と話をしたことはあるか聞いてみたところ、初めて出会う弁護士は筆者だ、と答えた職員が大半だった。そのような状態では、そもそも法律事務所がどういうところかもよくわからないだろうし、費用などなおさらよくわからないだろう。医療機関のように統一した保険制度のようなものがないので、弁護士の業務のあり方は事務所によってまちまちだ。ただ、そうは言っても共通している部分はあるので、そのエッセンスを最大公約数的に紹介する。

　また、一般的に弁護士とは、事件性（人と人とがなんらかの形でケンカをしている状態）があって初めて出番がくる職種と思われている。たしかに主な業務が訴訟業務である弁護士は多いが、弁護士にできることはそれだけではない。相談支援の現場を悩ませる問題を解決したり、地域づくりのために法律を駆使したりすることもできる。

そもそも弁護士とは

1　弁護士法 1 条

　この本を手に取っている人のなかで、弁護士に実際に会ったことがある、という人はひょっとするとそれほど多くないかもしれない。そもそも、弁護士とはどのような職業なのだろうか。

　そこで、弁護士の「倫理綱領」に相当する弁護士法の 1 条を見てみると、「弁護士は、基本的人権を擁護し、社会正義を実現することを使命とする」と書いている。これが、弁護士という職業の大原則だ。全国に 4 万人を超える弁護士がいるが、一般的なイメージと同様に法律事務所を開設し、主に個人からの依頼を受ける「マチ弁」や、主に企業からの依頼を受ける者など、その事業内容もいろいろだ。また、企業に雇用され、企業内の法令遵守（コンプライアンス）や知的財産権の処理をするような弁護士が増えてきている。筆者のように、自治体に採用されて職員として働いている弁護士は、まだまだごく少数にとどまる。いろいろな立場でいろいろな働き方をしている弁護士だが、みんなこの弁護士法 1 条の使命を負っている。

　それだけ見ていると、困っている人がいたらどこへでも飛んで行って誰でも助けてくれそうな感じがする。そういうことになれば一番よいが、多くの弁護士は個人事業主（自営業者）でもある。この点が、一般的な弁護士について回るジレンマになっている。つまり、依頼者にどれだけお金がなくても、弁護士が動けるだけの報酬を得ることができなければ、「なんとかしたい」という気持ちはあっても依頼を受けることができない。これが大原則である。この点、大多数が法人や自治体などに雇用されている福祉職、公務員と大きく異なる。

2　弁護士の「時給」

　弁護士に何かを依頼したいと思ったとき、どの程度の費用が必要なのかはよくわからないかもしれない。そこで、弁護士が依頼を受けるにあたり一般的に

ケース
10

弁護士と連携するには

必要とされている費用について紹介する。

　あまり考えたことがないかもしれないが、弁護士の「時給」はどのくらいか。これは、一律に言えるものではないものの、各法律事務所が打ち出している初回法律相談の価格が参考になる。一般的には1時間あたり1万円（税抜）だ。各都道府県等を所管する弁護士会が行っている法律相談も、原則として30分枠で5000円（税抜）というところが多い。これが、基本的な弁護士の「時給」の感覚である。

　ケース会議への出席依頼であったり、講師派遣依頼であったり、1回ぽっきりの法律相談の依頼であったり、なんらかの仕事を依頼して弁護士に拘束時間が発生する場合はこの費用を参考にするとよい。これは、弁護士をその仕事に拘束する時間にかかるので、事前準備が必要な「研修講師」「審議会の座長」などについては、その準備に必要な時間も考える必要がある。もちろん、何度も言うがあくまで参考である。この通りの予算を確保できない場合もあるだろうから、絶対にこの通りでなければ受けてもらえない、というものでもない。

3　弁護士に事件を依頼するときの費用

　さて、相談者と一緒に法律事務所を訪れ、初回法律相談を聞いてもらった結果、案件として依頼し、弁護士に受任してもらうことになったとしよう。このとき、どのような費用が発生するのか。

　一般的に弁護士が事件を受任する際は、①着手金と②成功報酬の2種類のお金がかかる。①着手金とは、弁護士が事件を受任してから終わるまでの仕事をするために、弁護士に対して支払うお金だ。なので、事件が終了しても返金されない。「これから動いてください」とお願いするためのお金だ。ということはつまり、事件を依頼する委任契約書を作成し、委任状を渡したとしても、この①着手金がちゃんと支払われるまで、弁護士は相手に電話一本かけることはない、というのが原則的なルールだ。

　勝っても負けても、事件が終了した際には②成功報酬が発生する場合がほとんどだ（ただし、後見等開始審判申立といった勝ち負けのない手続の場合は、報酬が発生しない場合がある）。裁判手続や交渉の結果、相手方から何がしかのお金がも

らえることになった場合はそこから成功報酬を払う。しかし、こちらが相手に払わなければならない場合や、お金の動きがない結論（離婚だけする、建物の明渡しを求めるなど）の場合でも、成功報酬は発生する。成功報酬の計算方法は、最初に依頼するときにきちんと決めて、弁護士との契約書に記載される。各法律事務所には、必ずその事務所の報酬基準が備えつけられている。契約前に金額が知りたいときは、法律相談の時点でそれを見せてもらうとよい。

　これが、事件単位で弁護士に依頼する場合の弁護士費用の構造と支払いのタイミングである。相談者を法律事務所へつなぐ際の参考にしてほしい。

4　弁護士に継続的に相談を聞いてほしいときの費用

　これに対し、たとえば自治体の福祉系の部署や、自治体から受託して相談支援事業を行っている社会福祉法人が、ケース対応のなかで疑問に思った法律問題についていつでも電話やメール等で相談ができるような契約もあり得る。自治体や法人が、弁護士との間で結ぶ顧問契約と同じ形である。ただし、一般的な顧問契約は、法人の場合は法人経営に関する相談が主であり、相談支援のスタッフが抱える法律相談にまで対応することは少ないのではないだろうか。また自治体の顧問弁護士にも、裁判になるような案件でなければ相談しづらいかもしれない。筆者のように、自治体の職員として任用される自治体内弁護士も最近増え始めている。ただ、福祉をはじめとする対人援助の部署だけではなく、全庁からの法律相談を1～2名で受けていることがほとんどなので、いち職員が気軽に相談できるかどうかはその弁護士のキャパシティとキャラクターによる。

　そこで、対人援助の分野に特化して、職員からの法律相談を継続的に受けるための月額定額制の契約を締結することも一つの方法だ。福祉部局に限定した、顧問契約と思ってもらえるとよい。実際にそのような契約をしている自治体もあるし、地域の弁護士会によっては、同じく現場が直面する法律問題を解決するために地域包括支援センター向けに継続的法律相談を提供する事業を実施しているところもある[*1]。弁護士を職員として任用するのはハードルが高いという場合は、このようにテーマを限定した顧問契約ということも考えられるだろ

う。

5　日本司法支援センター「法テラス」

　さて、「案件として弁護士に依頼する場合は契約時に数十万円が必要」と言われると、大半の相談者はこの費用を払えないだろう。そこで利用を検討するのが日本司法支援センター、通称「法テラス」だ。法テラスであれば、相談支援機関の職員も自治体職員もなじみがあるだろう。

　法テラスとは、国（法務省）の機関である。すべての人の司法アクセスの向上のためにいろいろな事業を行っており、弁護士費用の立替払い制度はその一つだ。この立替払い制度は、依頼者・弁護士・法テラスの三者で、法テラスが上記の①着手金を全額弁護士に立替払いをし、その後依頼者が法テラスに対して①着手金分を分割で支払う、という契約を結ぶのである。依頼者を含む世帯の収入・今持っている資産が、法テラスが定める基準以下であれば利用することができる。

　ここで「いくら分割払いとはいえ、結局は数十万円も払わないといけないのか」と心配になるかもしれない。しかしそこは、市民の司法アクセスを向上させるため、という趣旨から、総額も一般的な弁護士費用よりかなり抑えられている（逆に言うと、弁護士にとっては少々苦しい価格設定である、ということは小声でそっとつぶやいておくことにする）。

＊1　日本弁護士連合会　高齢者・障害者権利支援センターウェブサイト
https://www.nichibenren.or.jp/activity/human/aged_shien.html#himawarianshin
弁護士会がどのような活動をしているかについては各都道府県弁護士会による。全国的に各都道府県弁護士会が標準的に対応すべき事業として、上記のウェブサイトに掲載されている「⑨ひまわりあんしん事業」がある。ただ、各地域の弁護士会の事情によって、「⑨ひまわりあんしん事業」に掲げられているすべてを実施することが難しい場合もあるため、一度地元の弁護士会に聞いてみてほしい。

弁護士でなければできない業務——近隣トラブルと非弁行為

1 深刻なトラブルの相談が来たら

「断らない相談支援」の現場では、近隣住民から「迷惑行為」をする住民の相談が寄せられることがある。

　　①近所の人が外で大声をあげている。病院に連れて行ってくれ。
　　②隣の家の認知症の人が我が家の敷地に入ってくる。
　　③知的障害のある人が、うちの飲み屋の看板を壊した。

などである。このようなとき、相談員は、頭を悩ませながら本人の話を聞き、課題を見つけ、本人が地域社会で暮らせるよう、支援と見守りを続けることになるだろう。しかし、近隣住民にその緩やかな変化を待ってもらえないとき、場合によっては深刻な紛争に発展することもある。たとえば上記の②について、近隣住民が住居侵入罪で被害届を出して認知症の人を警察に連れて行ったり、認知症の人に損害賠償を求めたりするような場合や、③のケースについて、居酒屋の大将が知的障害のある人に対し、壊れた看板の弁償を求めるような場合である。ここまで来ると、明らかに近隣住民同士でケンカになっており、紛争状態にあると言える。こんな状態になっていても、相談機関として間に入って話をまとめなければならないのだろうか。

2 非弁行為とは

実は、法律を使って解決する法律事件を取扱うことは、弁護士の業務独占行為である。医師でなければ医業ができない[*2]のと同じである。このため、弁護士でない者が報酬を得る目的で、法律で解決できる紛争の間に割って入って解決をすると、弁護士法72条に反する[*3]。しかも、罰則までついている[*4]。これを「非弁行為」という。

非弁行為がなぜ禁止されているかというと、法律事件を取扱うプロである弁護士の手にゆだねず、不用意に紛争を解決しようとした結果、プロが介入すれば得られたはずの利益や、守られたはずの権利が損なわれてしまうからだ。ちょっとした親切心で世話を焼いて、かえって本人の権利を侵害することとなれば、本人はもちろん、親切に世話を焼いた人にとってもよい結果にならない。

　たとえば、上記③で居酒屋の大将が看板の弁償を請求してきた場合について考えてみる。看板修理の相場は20万円くらいなのに、体格がよくて強面の大将が「いいや、100万円でないと許さん。殴り込みに行くぞ」と強気の姿勢を崩さなかったので、相談員が気圧されて、100万円で話をつけてしまったとする。

　しかし、そもそも、壊した本人には知的障害があったのであるから、その損害を賠償すべき法的責任を負うだけの責任能力があったのかどうかが問題となる。もし責任能力がなかった場合、100万円どころか、20万円すら支払う必要がなかったのではないかということにもなる。

　また、仮にこの知的障害のある人に後日成年後見人や保佐人が選任され、過去の財産状況を確認したときに、口座から100万円という大金が動いていたのを見つけると、「これは何？」ということになるだろう。看板を壊してしまったときの経緯を聞いた後見人は、「なぜそんな不当に高額な示談をまとめたのか」と考える。そうすると、居酒屋の大将はもちろんのこと、話をまとめた相談員やその所属組織に対し、なんらかの請求をすることは十分に考えられる。

　人のもめごとの仲裁に入るのは、かくも難しく、リスクにあふれる行為なのである。いかに「断らない相談支援」とはいえ、ここまでの役割を地域の相談支援機関に求めてはいけない。

　同じように、非弁行為にあたらないか注意しなければならない相談としては、

＊2　医師法17条
＊3　弁護士法72条「弁護士又は弁護士法人でない者は、報酬を得る目的で訴訟事件、非訟事件及び審査請求、再調査の請求、再審査請求等行政庁に対する不服申立事件その他一般の法律事件に関して鑑定、代理、仲裁若しくは和解その他の法律事務を取り扱い、又はこれらの周旋をすることを業とすることができない」
＊4　弁護士法77条3号

ＤＶや虐待等から離婚に発展するような場合や、世帯の誰かが亡くなり、どうしても相続について検討しなければならないような場合が挙げられる。法律事件にあたるかどうかを現場で正確に判断することは弁護士でも難しいが、あえて基準を挙げるとすれば、「もめごとになりそう」「もめごとにお金の請求が含まれそう」といった兆候が見られたら、それ以上深追いはせず、弁護士に相談することを検討してほしい。

3　弁護士と一緒に相談を受けられる環境をつくる

　近隣トラブルのすべてが法律事務ではない。①の場合などは、精神保健福祉法に基づいてなんらかの強制入院の必要性を検討したり、強制入院にはならないとしても、医療につなぐ支援をする必要はあるだろう。その人が大声で叫んでいることに対する損害賠償を求めても、根本的な解決にはならない。②の場合も、認知症の人やそのご家族と一緒に介護保険法に基づくサービスを見直したり、逆に隣家の住民に認知症への理解を求め、もしまた入ってきたときの適切な声かけを一緒に考えたりすることで、それ以降、隣家とのトラブルを減らす努力は必要だろう。

　近隣住民の要求が法律事務にあたるものであれば、丁寧かつ毅然とした態度で対応できないことを説明し、あとは弁護士へつなぐべきだ。それがたとえ、裁判をしなければならないほどの大きなトラブルではなかったとしても、無理に話をまとめて得をする人は誰もいない。さらに難しいのが、相談支援の現場で日々受けている生活相談と、法律家につなぐべき法律相談との境目は、何か基準があってくっきりと分けられるものではない、ということだ。そこでこうした場合は、弁護士同席のもとで相談を聞くのが、相談者にとっても、職員にとっても、所属組織にとっても安全である。

地域づくりにも弁護士を――法教育

1 法教育とは

「法教育」という言葉を聞いたことがあるだろうか。日本弁護士連合会のウェブサイト＊5によると、「子どもたちに、個人を尊重する自由で公正な民主主義社会の担い手として、法や司法制度の基礎にある考え方を理解してもらい、法的なものの見方や考え方を身につけてもらうための教育」を、法教育と呼んでいる。各都道府県等の弁護士会にも、法教育委員会が設置されていることが多い。自治体や教育委員会などからの要望に応えて、消費者保護やいじめ、労働法など、生活をするうえで知っておいたほうがよい法知識に関する研修の講師を派遣する。

たしかに、このような生活に直結する法律の知識を伝えることも大切であり、そのように使ってもらえることはありがたいことだ。ただ、法教育の本当の目的は、具体的な法律を使うときに共通する「法的なものの見方や考え方」を伝えることだ。それは口幅ったい言い方をすれば、個人の尊重や、基本的人権といった、少し大げさだけれど、人と人とがともに生活をしていくうえで、共通認識として持っておく必要がある価値を伝えることを目的にしている。

そして、日弁連のウェブサイトの説明を読むと、主な対象は「子ども」になっている。実際、法教育委員会として講師派遣される先は、学校であることがほとんどだ。ただ、法教育の必要性は子どもに限ったことではない。次に紹介するように、すべての人を包摂し、誰一人排除しない地域共生社会を実現するため、地域を対象とした法教育でも、弁護士は少し、お役に立てるかもしれない。

そう思うからこそ、筆者はここまで、この本を書き進めてきた。個人の尊厳。基本的人権の尊重。口に出すと少し気恥ずかしいが、ソーシャルワークの価値

＊5　日本弁護士連合会法教育（市民のための法教育委員会）
https://www.nichibenren.or.jp/activity/human/education.html

は、社会的正義の実現と人権の尊重だ。こうした価値を地域とその担い手とシェアしていくこと、そのために弁護士を探して連れてくることは、ソーシャルワークの営みそのもの、と言っても過言ではない。

2　地域づくりに法教育──ひきこもり支援と扶養義務

たとえば、ひきこもり支援について考えてみる。

ケース9で取り上げたひきこもりに関する問題は、専門職が個別のケース支援の対象として出会うほか、地域住民が自分たちが取組むべき課題として地域ケア会議の議題として挙げることがある。令和元 (2019) 年5月と6月に、神奈川県川崎市で多数の児童が殺傷された事件や、東京都練馬区で老父が子を殺害する事件がひきこもりと関連づけて報道されたことをきっかけにして、ひきこもりをわが町の課題として考える機運が一気に強くなったように感じられる。

ひきこもりの人のいる家庭が地域社会から孤立する要素の一つに、たとえば「親が子の面倒を見るのはあたりまえ」という固定観念に、地域も、家族もとらわれていることが挙げられる。何よりも親自身が、なかなか経済的にも社会的にも自立することが難しいわが子に対し、自分が死ぬまで誰にも迷惑をかけずに面倒を見なければならない、と強く思っているケースが多い。そこでしばしば聞かれるのは、「だって、親には扶養義務があるから」という理由である。こうした扶養義務の「呪い」が誤解であることについては、ケース9を参照してほしい。

さて、親の扶養義務の「呪い」を解くだけで、地域から寄せられる視線が依然として「親が面倒を見てあたりまえ」では、その世帯の孤立は解消しない。地域住民全体で、扶養義務をはじめとして、法律が「家族」というものをどのように捉えているのか知ることは、決して無駄なことではないはずだ。必要以上に家族の責任にすることなく、家族の困りごとを地域住民で適切にシェアする一助になるだろう。そこで、地域の集まりに弁護士を講師として呼び、家族と法律について講演してもらうのもよいだろう。地域の弁護士会には、弁護士の講師派遣制度があることが多いので、問い合わせてみるとよい。実際、民生児童委員協議会の研修講師の派遣依頼なども弁護士会に寄せられることがある。

ケース10　弁護士と連携するには

183

「地域に法教育を」という発想は、決して突飛なものではない。

弁護士はどこにいるのか

　ここまで、弁護士とつながることをだいぶ強く推してきたが、肝心の弁護士がどこにいるのかがよくわからないかもしれない。ただ残念ながら、弁護士全体のなかで福祉分野に理解・関心がある人はそれほど多くはない。「こうすれば必ず見つかる」という方法もなく、あくまで縁のものにはなってしまうが、参考として弁護士の探し方のヒントを紹介する。

1　地域の弁護士会に問い合わせる

　最も標準的な探し方は、都道府県に最低一つは存在する、弁護士会に相談をすることである。弁護士会ごとに、さまざまな委員会が設置されているが、本書が対象としている福祉系の委員会（高齢者・障害者委員会、貧困問題対策委員会など、名称は各弁護士会により異なる）に問い合わせてみたり、弁護士会が実施している高齢者・障害者向けの電話相談を利用してみたりするなかで、弁護士を見つけることが考えられる。

2　研修講師

　高齢者・障害者虐待の対応力向上を目的として、都道府県が、市町村や福祉事業者向けに研修を企画し、実施しているだろう。こうした研修は、都道府県が社会福祉士会や弁護士会に委託して実施していることが多い。このため、研修に参加すると、講師陣のなかには、だいたい弁護士が含まれている。また、市民団体が主催する講演会やシンポジウムなどのなかには、弁護士が講師として登壇している場合もある。

　こうした研修・講演会などに参加し、講師の弁護士に終了後にあいさつをしてみて意気投合すると、その後の展開につながることがある。

3　インターネット

最後の手段がインターネットだ。相続や家の賃貸借などの普通の法律相談で弁護士を探す際は、インターネットで「弁護士　相続　●●市（相談者が住んでいる市）」で検索するのが、いろいろと探し回るよりもかえって早かったりする。これと同じで、あなたが活動している自治体周辺で、福祉関係で活動している弁護士をインターネットで探してみるとよい。

ちなみに、弁護士は事務所がある都道府県から越境してはならない、といったルールはないため、隣県の弁護士であっても依頼することに特に問題はない。

あとがき

　私は、兵庫県と大阪府の境目の町で、法律事務所所属のいわゆる居候弁護士（イソ弁）として5年間働いた。その頃から、弁護士会では高齢者障害者委員会に所属していたし、近隣の市が設立した権利擁護支援センターとも、わずかばかりのお付き合いがあった。私は、平均的な弁護士よりも、福祉に関心と専門性があった、と思う。

　ところが、弁護士6年目に市役所へ転職して本当に驚いた。職員から寄せられる相談だけではなく、雑談で登場する当事者たちのなかには、明らかに弁護士の介入が必要な状態にある人が山のようにいた。初めの頃は「いや、それは債務整理したらええやん」「金銭管理が必要やから、後見つけたらええやん」と反射的に答えていたが、全然その通りにならない。私は、「何か悪いこと言ってるかな」と、毎回反省していた。

　ケースとして挙がる当事者たちは、傍から見ているととても合理的とは思えない行動に出る。

　なんでまた、あなたをつらい目にあわせる家族のところへ戻る？

　もう月末に水しか飲めなくなるようなお金の使い方をするなら、いっそ預けて管理してもらったほうが楽じゃない？

　その状況で絶対に平気なはずはないのに、返ってくる答えは「ええねん、ほっといて」。

　一般的な弁護士は、法律相談を受けるところから仕事が始まるので、相談者に解決へのニーズがあるのが当然の前提だ。なので、明らかに法的にマズい状況にあるのに、当の本人に解決へのニーズがない、という状況を弁護士としてどうすればいいのか、非常に戸惑った。正直、今も戸惑っている。私の反射的な法律相談の回答は、本人のニーズに全然合わないので役に立たなかったのだ。

　人は経済的、社会的な困難を目の前にすると、そのことで頭がいっぱいになり、なかなか客観的で合理的な判断ができなくなる。いわゆる判断能力と言わ

れる、主に医学的に評価される力にはまったく問題がなかったとしてもそうなる。家の中にいつ怒鳴るかわからない家族がいたり、多額の借金の支払いのことばかり考えていたり。そうした環境的な要因によって、人の判断力は簡単に崩れる。自分の権利が侵害されている状況に置かれていてもそれを何とかすることの優先順位が低く、解決ニーズが湧いてこない。だって、とりあえず今日は生活できているのだから。

　他方、法律の世界は、原則として「合理的な判断能力のある人」をプレーヤーとして念頭に置いている。このため、福祉の当事者をめぐるケースマネジメントと法律とは、それほど相性が良くない。合理的な判断が難しい状況にある人に用意されている制度は、成年後見制度くらいしかない。医学的な意味で判断能力が低下している場合は成年後見制度を利用すればいい。でも、環境的要因のせいで「なんでそうなるかなぁ」という選択をしてしまう当事者たちの場合、その困難を解決するのに法律は本当に使いづらい。

　だからといって、「解決ニーズがないんじゃ仕方ないね」と権利救済を諦めてしまうのはいかがなものだろうか。すぐに分離できなくても、家計を立て直すのに時間がかかりそうでも、「法律にあてはめたら本来はこうなる」という結論を支援方針の軸としてチームで共有することができれば、少なくとも現状よりも権利侵害の度合いが深まってしまうことは防げるはずだ。将来生ずるかもしれない、深刻な法的な危機を予想し、そこから逆算して支援者としてできることを考えられたらよいと考えている。予防医学、予防法務的発想に近いかもしれない。

　これが、私が今、イメージしている権利擁護（Advocacy）かな、と思っている。

　権利擁護という単語は、行政や福祉のなかで多用されている用語のわりに、法的な定義がない。このため、人や立場によって指すところも異なるが、「判断能力の不十分な人々または判断能力があっても従属的な立場に置かれている人々の立場に立って、それらの人々の権利行使を擁護し、ニーズの実現を支援すること」（秋元美世・平田厚著『社会福祉と権利擁護』有斐閣アルマ、73頁）という定義が一番しっくりくる。

　医学的な意味での判断能力が低下している人だけではなく、従属的な立場に置かれているために権利行使が阻害されている人たちがいる。そのニーズを探

り、直接的な救済の手段にすぐにはアクセスできなくても、「ぼちぼち」の人権保障を確保する。弁護士一人が、一度に受任して救済できる事件数にはどうしても限界がある。でも、相談支援の営みや、地域づくりのなかに法的な思考を組み込み、権利擁護のまちづくりが実現すれば、その何倍、何十倍もの支援を必要とする人の人権状況を底上げすることが可能になるはずだ。

　断らない相談支援は、たしかに福祉の世界に激震を走らせるものだ。しかし、これを機に福祉と法の連携が進むことによって、権利擁護がより豊かに実現できるようになる可能性も秘めている。この本で、その入口の扉を少し開けることができれば、幸いである。

　最後に、この本を執筆するきっかけをつくってくださった、兵庫県立大学環境人間学部准教授の竹端寛先生に、心から感謝申し上げたい。思えば本書の構想は、2019年12月、新型コロナウイルスがこの世に出現するほんの少し前に、姫路の小さな居酒屋で竹端先生と盛り上がったことに端を発する。「こんな本、いるかなぁ」と躊躇する私に、「それ、おもろいやん」と背中を押していただいたおかげで今、完成させることができた。これがあと半年後ろにずれていたら、コロナ禍のなか、会食どころではなかっただろう。何か運命的なものを感じずにはおれない。

　また、法律監修の視点から深夜まで校正につきあっていただいた、弁護士の長岡健太郎先生にも深く御礼申し上げる。昔から、大学の恩師にも「情に厚いが、理に弱い」と評された私が、自信をもって本書を発行できるのも、先生の丁寧なチェックがあってこそだった。

2021年5月　青木志帆

❖青木志帆 （あおき・しほ）

大阪府出身。弁護士・社会福祉士。2009年兵庫県弁護士会登録、法律事務所勤務を経て2015年明石市役所に入庁。障害者施策、ひきこもり支援、社会福祉協議会などの部署を経て、現在はあかし保健所法務相談支援担当課長。日弁連高齢者・障害者権利支援センター幹事。同人権擁護委員会障がいのある人に対する差別を禁止する法律に関する特別部会委員。共著に『憲法を楽しむ』（法律文化社）、『Q&Aでわかる業種別法務自治体』（中央経済社）など。

相談支援の処「法」箋
　　——福祉と法の連携でひらく10のケース

2021年6月15日　第1版第1刷発行
2022年2月5日　　　第2刷発行

著　者　　青　木　志　帆
法律監修　　長　岡　健太郎
発行者　　菊　地　泰　博
組　版　　プロ・アート
印刷所　　平　河　工　業　社　（本文）
　　　　　東　光　印　刷　所　（カバー）
製本所　　鶴　亀　製　本
装　幀　　北　田　雄一郎

発行所　株式　現代書館　〒102-0072　東京都千代田区飯田橋3-2-5
　　　　会社　　　　　　電話 03(3221)1321　FAX03(3262)5906
　　　　　　　　　　　　振替 00120-3-83725　http://www.gendaishokan.co.jp/

校正協力・渡邉　潤子
© 2021 Aoki　Shiho ISBN978-4-7684-3587-8
定価はカバーに表示してあります。乱丁・落丁本はおとりかえいたします。

ベンクト・ニィリエ 著／河東田 博 他 訳編
【新訂版】ノーマライゼーションの原理
——普遍化と社会変革を求めて

30年前北欧で提唱され、今日共生社会の普遍的理念として支持され、社会のあり方を変えてきたノーマライゼーションの考え方を初めて紹介し、定着・発展のために活動してきた「育ての父」の現在までの思想展開。

1800円＋税

C.B.ドラッカー 著／北山秋雄・石井絵里子 訳
子どもの性的虐待サバイバー
——癒しのためのカウンセリング技法

子どもの頃の性的虐待体験のトラウマが成人後の心理及び社会適応上の問題にも深刻な影響を与えている。自らの障碍された感情を理解し、自分や他人に対する歪められた認識を再構築し、新たな人生を享受できるようエンパワメントを援助する。

2500円＋税

『障害者差別禁止法制定』作業チーム 編
当事者がつくる障害者差別禁止法
——保護から権利へ

世界の42カ国で障害者差別禁止・権利法が法制化されているが、日本の障害者基本法は保護・対策法であって権利法ではない。何が障害にもとづく差別で、障害者の権利とは何か。法案要綱、国連やEUの取り組み等、国際的動向の資料も掲載。

1700円＋税

DPI日本会議 編
障害者が街を歩けば差別に当たる?!
つまり、「合理的配慮」って、こういうこと?!
——当事者がつくる差別解消ガイドライン

バニラ・エア事件が映し出したように、障害者が差別と感じることは障害のない人にとっては「わがまま」。何が差別で、「合理的配慮」はどこまで提供すべきか、実際に受けた差別事例を分析・整理し、当事者の視点からガイドラインを提示。

1600円＋税

インクルーシブ教育研究データバンク 編
障害のある子もない子も同じ教室で
——共に学ぶための実践事例集

障害のある子もない子も同じ教室で、同じ教材で、楽しくみんなが参加できる教科学習、行事、学級づくり、学校生活の様々な工夫、「共に学ぶ」ための障壁は何かの視点から考えた、合理的配慮の実践30例を統一フォーマットにわかりやすく整理。

1200円＋税

久田恵＋花げし舎 編著
100歳時代の新しい介護哲学
——介護を仕事にした100人の理由

元芸人、元銀行マン、元ダンサー、元主婦……。様々な人生が様々な理由で「介護の仕事」へたどり着く。介護職に出会い、活躍する100人100様のリアルな声を集めた稀有な一冊。現場に生きる草の根の介護職の言葉と、そこに宿る「介護哲学」を紹介。

1800円＋税

白崎朝子 著
介護労働を生きる
——公務員ヘルパーから派遣ヘルパーの22年

ヘルパー不足のなか派遣切りされた人を介護にシフトする案が出ているが、介護労働はそんなに単純なものではない。自身と7人の介護労働者の経験から、混沌の介護現場を支える介護労働者の労働実態を明らかにし、未来を展望する渾身のルポ。

1600円＋税

（定価は二〇二二年二月一日現在のものです。）